I0253445

LE COMTE DE SALLENAUVE

PAR

H. DE BALZAC

AUTEUR DE

Le Député d'Arcis, Madame de la Chanterie, l'Initié, Scènes de la Vie Parisienne (Les Petits Bourgeois), Scènes de la Vie de Campagne (Les Paysans), Splendeurs et Misères d'une Courtisanne, un Début dans la Vie, David Séchard, etc., etc.

Terminé par M. Ch. Rabou

V

PARIS

L. DE POTTER, LIBRAIRE-ÉDITEUR

RUE SAINT-JACQUES, 38.

LE
COMTE DE SALLENAUVE

CHAPITRE PREMIER

I

Le feu éternel.

Le lendemain du jour où Jacques Bricheteau avait reçu l'autorisation d'offrir à ses collaborateurs dans l'œuvre de l'éducation de Sallenauve, un témoignage de la reconnaissance de celui-ci, dans une loge de l'Opéra-Comique se passait une scène qui, au premier coup d'œil, n'aura pas grandement l'air de se relier à cet intérêt.

Admirablement bien conservée par un appétissant embonpoint, et dans tout l'éclat de la plus riche toilette, une femme de trente-huit à quarante ans, on sait que, dans les habitudes féminines, cet âge, d'ordinaire, s'étend sur un espace d'une dizaine d'années, venait à une heure déjà assez avancée de la soirée, prendre possession de la susdite loge jusque-là restée vide, et dont elle était locataire à l'année.

Elle était accompagnée de son mari,

M. Matifat, droguiste retiré. Les lecteurs de la *Comédie Humaine*, dans l'étude intitulée *un Grand Homme de province à Paris*, ont vu cet honnête commerçant se livrer, au profit de mademoiselle Florine, actrice du *Panorama dramatique*, à des folies bien mal récompensées.

Beaucoup plus âgé que sa femme, qu'il avait épousée en secondes noces, un peu contre l'avis de sa famille et de ses amis, l'ancien droguiste avait néanmoins conservé des idées de jeunesse qui le constituaient tributaire du théâtre où, selon un grave rapporteur de la Chambre des députés, s'est réfugiée la tradition du *genre national*.

Depuis plus de vingt ans il n'était pas arrivé à ce digne abonné de manquer une seule représentation de son spectacle favori. Pendant longues années, à dater du moment où les légèretés de mademoiselle Florine l'avaient forcé à se séparer d'elle, il avait occupé à *Feydeau*, comme on disait alors, une simple stalle d'orchestre, mais à l'époque de son second mariage, ayant trouvé dans madame Matifat, dont il avait fait la connaissance au moyen de la manœuvre de leurs jumelles respectives, une passion d'opéra-comique non moins acharnée que la sienne, il s'était élevé à une première de côté.

Pour dire toute la vérité, il semblait

bien, à ce dilettante de la rue des Lombards, que la musique d'Hérold, d'Halévy et d'Auber déviait un peu du genre national, et il ne la trouvait pas aussi *facile à retenir* que la musique de *Rose et Colas* et celle des *Petits Savoyards;* néanmoins, malgré ses préventions contre la facture moderne, son assiduité quotidienne ne s'était pas démentie. En 1832, lors de la première invasion du choléra, le soir où l'on parlait d'une mortalité s'étant élevée dans la journée au chiffre effrayant de seize cents morts, M. et madame Matifat s'étaient trouvés intrépidement à leur poste dans la salle presque déserte, et ils avaient eu la satisfaction de se figurer que les acteurs, ce jour-là, jouaient uniquement à leur intention.

Au moment où madame Matifat, avant d'entrer dans sa loge, consigna à l'ouvreuse, connue de tous les habitués sous le nom de madame Tancrède, son chapeau et son châle, un petit sourire d'intelligence et d'amitié s'était échangé entre ces deux femmes.

Jusque-là, rien d'extraordinaire; l'habitude de se voir tous les jours pouvait expliquer de supérieur à inférieur cette familiarité bienveillante, et M. Matifat lui-même, malgré sa dignité de négociant retiré et d'ancien juge au tribunal de commerce, avait toujours quelque mot gracieux pour madame Tancrède qui, malgré ses cinquante ans passés et ses cheveux blancs comme neige, accusait une ancienne beauté.

Mais ce qui paraîtra plus étrange au lecteur, c'est de voir madame Matifat, une fois assise auprès de son mari, se lever, aller ouvrir la porte de la loge, et, passant la tête en dehors, dire à l'ouvreuse, de manière à ne pouvoir être entendue que d'elle :

— Euphrasie, donne-moi donc mes jumelles.

Enfin la curiosité sera sans doute excitée au dernier point quand on entendra madame Tancrède, tout en s'empressant d'apporter la lorgnette qu'elle avait en garde, dire à madame Matifat :

— Tâche d'être seule pendant l'entr'acte, j'ai quelque chose à te dire.

L'entr'acte ne fut pas long à venir, et madame Matifat, qui gouvernait souverainement son mari, lui persuada facilement de se rendre au foyer pour savoir le cours du *Seyssel*, un des asphaltes qui en 1839 jouaient à la Bourse le rôle que les chemins de fer y ont pris depuis.

Aussitôt que l'ancien droguiste se fut éloigné, madame Tancrède ouvrit la porte de la loge, et madame Matifat, s'étant approchée sur le seuil :

— Bricheteau, dit l'ouvreuse, nous convoque pour demain au *Feu éternel* ; il a, à ce qu'il paraît, des choses importantes à nous communiquer. J'avais une peur terrible que tu ne *viennes* pas ce soir.

— Nous avons dîné en ville, répondit madame Matifat. Demain, ajouta-t-elle, ça ne sera pas très commode : Matifat a deux de ses cousins à dîner ! ah bah ! tant pis, moi j'aurai ma tante malade : et tu ne sais pas ce qu'il nous veut ce cher croque-notes ?

— Non; mais seulement il m'a bien recommandé qu'on ne manque pas; que la réunion serait très gaie. A six heures et demie. Tu demanderas, comme toujours, le cabinet retenu par M. Larchevêque.

Cela dit, l'ouvreuse referma la loge pour l'ouvrir un instant après à l'inévitable Des Lupeaulx, vieux céladon, que les grâces rondelettes de madame Matifat avaient le privilége d'attirer, et que madame Tancrède avait aperçu de loin se dirigeant vers son pôle.

Le *Feu éternel,* où Bricheteau avait donné rendez-vous à ses convives, ne doit pas être confondu avec le sombre empire de Satan; c'est tout simplement un restaurant de troisième ordre qui, ayant la prétention de persuader à ses clients que ses fourneaux ne s'éteignent jamais, a pris pour enseigne une vestale comme celle de Spontini, dans l'exercice des se fonctions.

Situé dans un quartier perdu, boulevart de l'Hôpital, derrière le Jardin-des-Plantes, cet établissement, très anciennement connu, a toujours été cher aux amours clandestins, qui, en faveur de la sécurité de ses abords, lui pardonnent la médiocrité de ses préparations culinaires.

Quelque chose de vraiment curieux pour un observateur, c'est l'état des glaces ornant le dessus de la cheminée, dans les cellules dites *cabinets particuliers* de ce Paphos gastronomique.

Deux amants passionnés et reconnaissants ayant éprouvé le besoin de dire aux âges futurs la date d'un heureux jour qu'ils avaient eu en cet endroit, s'avisèrent les premiers d'une idée ingénieuse, et, avec la peinte d'un diamant, ils inscrivirent d'une manière ineffaçable, sur la surface polie du verre, par exemple : *Virginie, Arthur*, 26 *juillet* 1805.

Ce procédé, si l'on osait ainsi parler,

fit des petits ; et d'année en année, on peut constater une longue suite de générations et le calendrier presque tout entier, étant venu à la même place marquer la trace de leur passage.

Ensuite sont arrivées les citations et les sentences ; et des vers de Parny, de Colardeau, de Legouvé, de Béranger, voire même de Lamartine ; plus des madrigaux du crû, improvisés sur place, en s'entremêlant et en se superposant aux dates et aux noms de baptême, ont fini par former un inextricable fouillis d'écriture lapidaire sous lequel les malheureuses conseillères de la beauté, comme les a appelées un poète de l'endroit, ont vu complètement éteindre leur reflet.

Inutile d'ajouter que les différents propriétaires qui se sont succédé dans l'exploitation du *Feu éternel*, n'ont eu garde de rien modifier à cet état de choses : ainsi massacrées, ces glaces sont comme les chevrons de l'établissement; c'est une façon de livre de cristal où s'est successivement inscrite toute sa clientèle depuis près d'un demi-siècle.

Un peu avant l'heure convenue, arriva Jacques Bricheteau, qui, connu depuis longues années dans la maison sous le nom de guerre de M. Larchevêque, paraissait y jouir d'une grande considération.

Le petit salon qu'il avait choisi était

situé à l'extrémité du corridor sur le-s'ouvraient les portes des autres cabinets, de manière à n'être avoisiné que d'un seul côté. Quant à ce cabinet voisin une fois pour toutes il avait été convenu, car, pendant plusieurs années, la réunion à laquelle étaient conviées madame Matifat et madame Tancrède avait eu un caractère de périodicité, qu'il resterait inoccupé et qu'une somme de vingt francs, comme indemnité au restaurateur, serait portée sur la carte. D'où l'on concluera que chez Jacques Bricheteau la passion du secret avait toujours été éveillée et vivante, et que ce n'était pas seulement à la brusque rapidité de ses déménagements qu'elle pouvait être reconnue.

Après l'organiste arriva madame Tancrède : bonnet à rubans bleus, châle tartan à carreaux rouge, mode qui faisait fureur à cette époque. Suivit à courte distance une commère aux appas rebondis et proéminents, qui portait le costume étoffé d'une riche marchande de la halle. A la fin, après s'être fait attendre plus d'un quart d'heure, madame Matifat, dans une toilette simple, mais élégante, fut enfin aperçue, amenée par une citadine. La réunion se trouvant ainsi au complet, Bricheteau donna l'ordre de servir. Pendant qu'on attaquait les huîtres, arrosées de *chablis première*, voici la manière dont l'organiste aborda l'exposé qu'il avait à faire de l'objet de la convocation :

— Mesdames, dit-il, j'ai le regret de vous annoncer, car ceci ne nous fait pas précisément jeunes, qu'il y a aujourd'hui vingt-neuf ans, jour pour jour, ont été jetées les bases de la charitable entreprise que nous aurons eu le bonheur de mener glorieusement à fin.

— Vingt-neuf ans ! c'est impossible ! dirent en même temps les trois commères.

— Précisons, reprit Jacques Bricheteau, je vais citer des dates, et vous verrez que rien n'est à reprendre dans mon calcul. En quelle année eut lieu le mariage de Napoléon avec Marie-Louise ?

— En 1809, dit madame Matifat.

— Vous vous trompez, répondit l'organiste, ce mariage se fit le 2 avril 1810, et toutes ensemble, vous étiez allées aux Champs-Élysées pour y voir l'entrée de la nouvelle Impératrice.

— C'est vrai, dit madame Tancrède, je m'en souviens comme si j'y étais.

— N'est-ce pas le même jour, en revenant de voir le cortége, qu'on vous annonça la mort de l'infortunée Catherine, qui feignant d'être souffrante, avait profité de la solitude où on l'avait laissée pour accomplir son suicide ?

— Ah! cette pauvre amie! dit madame Matifat, je la vois encore étendue sur son lit, pâle comme une morte qu'elle était, mais ayant l'air de dormir.

— Combien de temps s'écoula-t-il ensuite avant que vous fussiez venues à bout de découvrir que l'enfant dont la malheureuse femme était accouchée un an avant, m'avait été confié et que je l'avais mis en nourrice à Montfermeil?

Ici la troisième interlocutrice de Jacques Bricheteau prit la parole.

Elle s'appelait Joséphine Madou, et, de

mère en fille, continuait dans le quartier des halles, le commerce des fruits secs qui, sous la Restauration, avait mis en rapport d'affaires la fameuse madame Madou avec le non moins célèbre César Birotteau parfumeur décoré et inventeur de *l'huile céphalique* à base de noisettes.

Se chargeant donc de répondre à la question de Bricheteau :

— Il s'écoula juste sept mois, dit la marchande de la halle, puisque c'est à la première fête des morts après le décès de Catherine, qu'en allant porter une couronne sur sa tombe, à Montmartre, la petite Victorine eut, mon amour, l'avantage de s'y rencontrer avec toi. D'où elle eut l'idée de te suivre, et, t'ayant vu monter dans la voiture de Montfermeil, y fut aussi et te trouva chez la nourrice, faisant faire risette à l'enfant que tu tenais sur tes genoux, en lui disant : « Chère petite créature, si tu n'as plus de mère, sois tranquille, je t'en servirai. »

— Eh bien! dit Jacques Bricheteau, combien de temps encore entre le moment où vous m'aviez dépisté et celui où madame Matifat, en votre nom à toutes, vint chez moi pour m'offrir de concourir à la dépense que pourrait me causer l'éducation du jeune orphelin?

— Plus d'une quinzaine, répondit madame Tancrède; non pas que pour nous le délibéré eût été long, car la proposition de nous immiscer à l'entretien du chérubin que nous regardions toutes comme notre enfant, passa comme une lettre à la poste, mais il fallut encore ce délai pour guetter un autre voyage à Montfermeil, pour vous faire suivre à la descente de la voiture et connaître enfin votre domicile à Paris; même je me souviens qu'en vous députant madame Matifat comme la ligne la plus dorée, je dis à ces dames : elle ne peut manquer de réussir, c'est aujourd'hui la *Présentation*, une fête de la Sainte-Vierge; la Sainte-Vierge protégera notre idée.

— Or, dit Jacques Bricheteau, quelle

date est-ce aujourd'hui? Le 21 novembre, jour de la Présentation de la Vierge, que je n'ai pas choisi sans dessein. J'avais donc raison de vous dire que, du 21 novembre 1810 au 21 novembre 1839, il y avait vingt-neuf ans, jour pour jour, que vous aviez mis les fers au feu de votre bonne action.

— Pas moins, mon petit lapin, dit Joséphine Madou, qu'avec madame Matifat, tu fis joliment ta tête de refuser comme ça la cotisation d'un bouquet de quatre jeunes et jolies filles comme nous étions alors, d'où je t'ai toujours soupçonné de ne pas aimer les femmes, qui sont pourtant, on peut bien le dire, l'ornement de la nature et de la création.

— Dis donc plutôt que d'en aimer une à la folie, repartit madame Tancrède, l'a fait cracher sur le reste du sexe, car avoir quitté son pays et sa famille pour suivre Catherine à Paris, et s'être ensuite dévoué comme il l'a fait à son enfant, n'annonce pas un sans cœur et un Abeilard ; mais il avait mis tous ses œufs dans un panier, le pauvre garçon, et d'en avoir vu faire une omelette, ne s'en est jamais consolé.

— Ce que je vous répondis alors, reprit Jacques Bricheteau, était la vérité pure. En faisant remettre chez moi son enfant le jour de sa mort, Catherine m'avait en même temps adressé une somme de sept mille francs; cette somme, ajoutée aux faibles ressources dont je disposais, je pouvais me passer de toute assistance, et le petit Charles fut très convenablement élevé au collége de Tours, sans m'avoir causé aucun embarras. Mais lorsqu'il eut achevé ses études, tout l'argent laissé par sa mère était dépensé, et avec ma petite place à la préfecture et les appointements de mon orgue, je n'étais pas en mesure de le soutenir honorablement dans la carrière des arts dont il s'était senti la vocation. Manquai-je alors de recourir à votre bon cœur? et madame Tancrède, que je rencontrai et qui se chargea de vous porter la parole, n'eut-elle pas la commission de vous dire que la moindre des offrandes serait la très bien venue ?

— Et j'ose dire, fit remarquer madame Tancrède, que la réponse de la même au même ne se fit pas attendre.

— Oui, dit Joséphine Madou ; mais monsieur prit toujours notre argent du bout des doigts, comme si ça pouvait lui écorcher la main. Je vous demande un peu : défendre à des bienfaitrices d'apporter elles-mêmes leur cotisation et de la lui remettre chez lui !

— Chère Joséphine, repartit Jacques Bricheteau, j'étais organiste et dépendant de M. le curé de Saint-Louis-en-l'Ile ; je cherchais à avoir des leçons de musique dans les pensionnats de demoiselles ; vouliez-vous qu'en recevant la visite de quatre fringantes beautés comme vous étiez en ce temps-là, je m'exposasse à donner de la légèreté de mes mœurs une opinion qui m'eût fait partout remercier ?

— Mais non, mais non, dit madame Tancrède, ce fut très bien arrangé comme ça, et l'idée de nous voir ici une fois par an pour recevoir notre souscription et nous rendre ses comptes, ne fut pas du tout mal imaginée de la part de M. Bricheteau. Seulement, depuis deux ans qu'il nous a remboursées de nos avances, et que le petit a tout à fait volé de ses propres ailes, je trouve que ce n'est pas gentil de nous avoir tout à fait plantées là.

— Mais, d'abord, mesdames, je vous prie de le remarquer : depuis deux ans j'ai eu des occupations sans nombre ; j'ai fait un voyage à l'étranger; j'ai eu à organiser le succès de notre cher enfant dans la politique; et puis, je vous l'ai toujours dit, tout l'effet de nos soins pourrait être compromis si quelque chose venait à se découvrir, et nous réunir sans nécessité eût été pure imprudence : aujourd'hui j'ai une communication à vous faire ; me voilà.

Pendant toutes ces explications rétrospectives, qui sont loin encore d'amener la pleine lumière dont le besoin se fait sentir dans beaucoup de parties restées obscures de notre récit, le dîner avait marché, et, en calculant les interruptions nécessitées par le service et dont nous n'avons pas trouvé que la mention fût utile, on ne s'étonnera pas de voir nos gens parvenus au dessert, lorsqu'arriva le moment pour Bricheteau d'aborder le véritable ordre du jour de la réunion.

— Aujourd'hui, reprit Bricheteau, nous voilà au port et nous pouvons dire, le ciel aidant, que nous sommes arrivés à un résultat aussi magnifique qu'inespéré. Votre amour, mes chères dames, a porté bonheur à notre cher enfant. Tout lui est venu, un père d'abord....

Ici l'organiste fut interrompu par Joséphine Madou.

— Ah çà, dit-elle, est-ce un père pour de vrai que ce marquis qu'on m'a fait lire sur les journaux? Catherine ne nous avait jamais parlé d'un noble.

— Mais elle ne vous avait jamais, je crois, parlé de personne, répondit Bricheteau avec une pointe de sécheresse, et moi seul j'ai su, je crois, quel était le père de son enfant.

— C'est toujours bien drôle, reprit mademoiselle Madou, qui, dans la réunion, représentait décidément la nuance de l'opposition, qu'un homme si puissamment riche vous ait laissé aussi longtemps son enfant sur les bras sans s'en occuper.

Bricheteau fut alors obligé de reprendre avec certaines variantes appropriées à son auditoire les explications que, quelques mois avant, il avait données à Sallenauve lorsqu'il avait été reconnu par le marquis, son père, à Arcis.

— Je vous disais donc, reprit-il ensuite, que tout avait réussi à l'enfant de nos soins, et qu'il avait maintenant devant lui un horizon superbe. Mais, s'il vous a trouvées bonnes et dévouées, vous ne le trouverez pas ingrat, et aussitôt que je lui ai eu fait connaître que plusieurs âmes charitables avaient concouru avec moi à préparer son avenir, il m'a chargé d'offrir à chacune de ses providences, outre l'expression de sa gratitude, un souvenir laissé à mon choix et à ma prudence, et c'est pour la distribution de ces véritables prix de vertu que j'ai voulu, mesdames, vous réunir aujourd'hui.

— Ah bien! c'est gentil ça, dit madame Tancrède.

— Est-ce qu'on a fait le bien pour qu'il vous en revienne quelque chose ? dit aigrement Joséphine Madou.

— Mais quand il vous en revient quelque chose, répliqua madame Matifat, je ne vois pas non plus qu'il y ait de quoi se fâcher.

— Vous, ma chère madame Matifat, continua Jacques Bricheteau, vous aimez à vous bien mettre : ce soir, en rentrant chez vous, vous trouverez, enfermés dans un joli coffret en bois de cèdre, deux des plus magnifiques cachemires qui soient à cette heure sur la place de Paris.

— Et mon mari! répondit madame Matifat, comment lui faire avaler le cadeau?

— M. Matifat n'a-t-il pas eu un commis qui a soustrait pour une dizaine de mille francs de valeurs dans sa caisse, et qu'on a fait passer dans les Indes?

— Où il est mort, dit la femme de l'ancien droguiste.

— Et moi je l'y fais vivant; un billet se trouvera au fond du coffret, qui, tourné un peu énigmatiquement, donnera, au présent que vous recevrez, toute l'allure d'une restitution.

— Il pense à tout, ce monstre-là! dit Joséphine Madou en frappant rudement sur l'épaule de Bricheteau.

— Vous, Joséphine, continua-t-il, en tirant de sa poche un portefeuille, vous ne faites pas le commerce avec la prudence qu'y mettait votre mère; vous avez voulu démésurément vous entendre, et avez souscrit des billets à ordre, ce qui ne serait jamais arrivé à la mère Madou, vu qu'elle se piquait, la brave femme, de ne savoir ni lire ni écrire. Sans vous en douter, vous êtes tombée dans les mains du plus dangereux des entremetteurs, le sieur Cerizet, qui tient, dans la rue des Poules, près la place de l'Estrapade, une prétendue Banque des Marchés. Au fond, cet homme n'est que le prête-nom de deux féroces usuriers, les sieurs Samanon et Chaboisseau. Sur l'espoir d'une magnifique spéculation que vous n'avez pas réalisée, vous lui avez emprunté une somme de quinze mille francs réglée en billets à trois mois, et, sur cette somme, il a prélevé pour sa commission, la bagatelle de quinze cents francs.

— Ah ça mais ! vous êtes le diable, dit la fille Madou, pour tout savoir.

— Oui, mais un bon diable, qui vous rapporte vos billets acquittés, et convenez que l'échéance arrivant dans une huitaine n'avait pas peu contribué pendant tout le dîner, à vous *aigrir le tempérament.*

Le billet remis entre les mains de la marchande des halles qui, du revers de sa main, essuya une larme au bord de ses yeux, Bricheteau tira de son portefeuille un autre papier, et s'adressant à madame Tancrède :

— Madame du Petit-Banc, lui dit-il gaîment, votre place d'ouvreuse à l'Opéra-Comique vous donne jusqu'ici passablement à vivre; mais vous ne faites pas d'économies, l'âge achèvera de venir, vous serez mise à la retraite, et alors il n'y aura plus même à penser aux ressources plus ou moins chanceuses de vos belles années. Voilà qui vous mettra à l'abri du besoin, et une modeste inscription à cinq pour cent, au capital de seize mille francs, vous constituera au moins la jouissance de huit cents livres de rente ; prenez : elle est à votre nom.

— Rentière ! s'écria madame Tancrède en frappant dans ses mains : un titre que j'ai bien souvent pris, mais que je n'ai jamais eu qu'en détrempe.

— Maintenant, dit Bricheteau, il reste à nous occuper de la pauvre Victorine ;

elle est, m'avez-vous dit, à l'hôpital Cochin, victime de l'anisette et de l'absinthe dont elle a contracté la funeste habitude dans son horrible métier de chiffonnière.

— Ah! l'anisette et l'absinthe, dit Joséphine Madou, t'es bien honnête, mon petit, elle vous flûte, maintenant, le trois-six tout pur; c'est une camphrière finie.

— L'argent qu'on lui eut fait tenir, continua Bricheteau, eût, en quelques mois, passé chez les liquoristes. Moyennant un capital une fois versé, nous lui avons ménagé à l'hospice de La Rochefoucauld un asile où, jusqu'à la fin de sa vie, elle sera logée, nourrie, chauffée, habillée, soignée en santé et en maladie, et tous les cinq jours, comme les troupiers, elle recevra un petit prêt avec lequel elle pourra se donner quelques douceurs ; je vous engage donc, mesdames, à lui supprimer toute espèce de secours, car, ce superflu, elle le tournerait contre elle-même en poison...

A ce moment, le bruit d'une chaise tombant sur le plancher se fit entendre dans le cabinet voisin.

— Quelqu'un nous écoutait, dit vivement Bricheteau en s'élançant pour reconnaître quel était, comme dit le titre d'une nouvelle de Cervantes, *ce curieux impertinent*.

Mais en voulant ouvrir la porte du petit salon où l'on était réuni, Bricheteau tourna la clé de travers, embrouilla la serrure et, quand enfin il put sortir, l'indiscret avait eu le temps de s'éloigner; visite faite du cabinet, on trouva la chaise renversée, ou parlant judiciairement, le corps du délit.

Faire venir le maître de l'établissement; lui demander compte de cette forfaiture à d'anciens arrangements convenus : à quoi bon ! le mal était fait, et heureusement il n'était pas immense, car rien d'absolument compromettant pour la considération de Sallenauve n'avait été dit, et son nom même, grâce aux habitudes de prudence que le trésorier de l'œuvre avait su communiquer à ses collaboratrices, n'avait pas été prononcé. C'était d'ailleurs la dernière fois qu'on se réunissait. On se fût plaint qu'on vous eût répondu que la chaise s'était renversée d'elle-même ; Bricheteau aima mieux prendre texte de l'incident pour renouveler ses recommandations d'une discrétion à toute épreuve ; ensuite il paya la carte sans faire aucune déduction et peu après se sépara de ses convives ; mais avant de se rendre à Ville-d'Avray il passa au logement qu'il avait à Paris, tira d'une cache un petit coffret qu'il abrita sous son manteau, et ayant eu soin qu'à son arrivée au châlet cet objet ne fût aperçu par personne, il le serra dans un meuble dont il portait toujours la clé sur lui.

Cela fait, Bricheteau alla trouver Sallenauve, qui lui conta sa rencontre avec mademoiselle de Lanty et le résultat négatif de cette entrevue.

— J'aime mieux cela, lui dit alors l'organiste; ce mariage, dont je ne vous ai jamais dit mon avis, parce qu'il m'avait toujours paru très improbable, m'eût très médiocrement convenu pour vous !

— Eh! pourquoi? demanda Sallenauve.

— Parce que cette famille de Lanty, vous en avez encore aujourd'hui la preuve, est entourée d'une mystérieuse atmosphère dans laquelle je ne trouve point utile que vous alliez engager votre vie : d'ailleurs, des visées amoureuses, est-ce là, en ce moment, ce qui doit faire votre souci ?

Le prudent conseiller tombait bien ; depuis sa visite au couvent des *Dames anglaises*, Sallenauve n'avait précisément été occupé qu'à faire une sorte de relevé de sa situation de cœur et à mettre, s'il était possible, un peu d'ordre dans ses idées et dans ses sentiments.

Jusqu'au jour où il avait revu mademoiselle de Lanty, il ne s'était jamais bien rendu compte de ce qu'il éprouvait pour elle.

L'avait-il aimée?... Rigoureusement, non. Au temps où il avait pu croire absolument à elle, il en était séparé par un abîme trop profond, pour se laisser aller sans résistance à la pente qui l'entraînait vers cette gracieuse impossibilité.

Plus tard, quand un nuage s'était

étendu sur le ciel bleu de la jeune fille, et que la confidence de l'abbé Fontanon lui avait montré des taches dans ce soleil, sa curiosité, son amour-propre, avaient été violemment éveillés. Ne fût-ce qu'à cause de l'incompréhensible rôle que Marianina lui avait donné dans le drame domestique dont la maison de Lanty était devenue le théâtre, il avait désiré la revoir, s'expliquer avec elle; elle l'avait donc vivement occupé, ce qui est sans doute une grande avance pour aimer, mais ce qui n'est pas l'amour lui-même, l'amour déclaré et franchement ressenti.

Maintenant leur étoile les avait un

instant rapprochés, et, dans cette rencontre, tout avait semblé le convier à un plus complet abandon. Sans fatuité, il avait pu se persuader que Marianina l'avait distingué. Son innocence, pour lui, avait cessé de faire un doute, et la barrière qui autrefois était entr'eux, M. de Lanty lui-même s'était empressé de la lever; mais, par une fatalité singulière, derrière l'obstacle écarté, un autre se dressait plus absolu, plus inexorable. N'était-ce donc pas le cas d'en finir avec ce rêve, dont la réalité n'était jamais trouvée plus vaporeuse et plus insaisissable qu'au moment où on croyait l'embrasser?

Des amours! Sallenauve en avait de

rechange, et Marianina perdue, il pouvait ce semble, se retourner vers la Luigia, qui un soir à Londres lui avait fait de ses sentiments un aveu si naïf et si chaleureux ; mais, dans le passé de cette fille, quelles que fussent les splendeurs de son présent, bien des choses le tenaient à distance, et puis n'avait-elle pas fait ses conditions ? N'exigeait-elle pas, pour que leurs existences arrivassent à se mêler, qu'il rentrât au giron de l'art quand tout son avenir paraissait graviter d'un autre côté ?

Restait alors madame de l'Estorade, dont l'esprit, la figure, le caractère lui étaient sympathiques ; qui, lors de l'in-

trigue où son mari avait trempé, avait
eu une attitude bien digne et bien noble,
et avec laquelle, en un mot, une certaine
entente de cœur avait commencé ; mais
ses principes à lui, mais la froideur calculée et acquise de la comtesse, lais-
saient-ils entrevoir entr'eux une autre
perspective que le tiède et tranquille horizon de l'amitié? Ainsi, toujours des
fleurs à son arbre, jamais de fruits; ainsi,
la Luigia, dans leur entrevue à Londres,
avait admirablement résumé la bizarre
influence de son étoile qui lui faisait à
la fois ébaucher trois romans, sans qu'à
un seul d'entre eux pût être entrevu un
dénoûment possible.

Tout ce pour et contre pesé, à l'esprit

de notre rêveur, était revenue la lettre de Marie-Gaston ; chez les anciens, pensa-t-il, les fous passaient pour doués du don de seconde vue, et la même idée est encore vivante chez les Musulmans. Si pourtant Marie-Gaston avait dit vrai! Si réellement M. de l'Estorade était plus sérieusement frappé qu'il ne se le figure! Après tant de motifs pour m'éloigner de sa maison, c'est lui qui vient me prendre par la main et m'y ramène. La trace d'une volonté supérieure ne se marque-t-elle pas dans tout ceci? Certes, ni moi, ni M. de l'Estorade ne manquerons à nos devoirs. Raison de plus pour n'être pas éternellement contre nous-mêmes en une si jalouse vigilance.

Et la conclusion de Sallenauve avait

été qu'il entrerait là où la porte était ouverte ; qu'il verrait souvent madame de l'Estorade, puisque l'occasion lui en était faite ; qu'il aurait en elle une confidente, une amie, une conseillère, une sœur, en un mot tout ce qui comporte une idée d'intimité et de tendresse sans aller jusqu'à celle d'un amour coupable. Là où commencerait la pensée du mal, il s'arrêterait ; du moins il s'en croyait sûr ! Étrange homme que celui qui pouvait ainsi scander tous les mouvements de son cœur! Mais, penser ces sentiments et presque les vouloir, à ce prix seul on est un caractère fort et un puissant esprit.

Tiré tout à coup de cette rêverie par

Bricheteau, qui le rappelait au positif de la vie :

— Mais quels sont donc, demanda Sallenauve, ces intérêts si pressants auxquels j'ai le devoir de donner mon attention ?

— Dans quelques jours, répondit Bricheteau, la session doit être reprise ; tout annonce qu'un orage se forme contre le ministère, et que de grands efforts de tactique parlementaire seront dirigés contre lui. L'occasion sera belle pour se mettre en évidence ; vous n'aurez plus, cette fois, d'excuse ; je suppose donc que vous vous préparez à prendre la parole, et le cabinet aura sans doute en vous un redoutable adversaire.

— Moi ! point, dit le député, je serai au contraire, un de ses défenseurs.

— Comment cela ? dit l'organiste avec étonnement, vous, homme de l'opposition avancée !

— C'est pour cela justement que je ne veux pas marcher dans les rangs, et que je prendrai une position exceptionnelle en votant la loi sur laquelle doit se poser la question de cabinet.

— Mais je ne saisis pas bien... dit Bricheteau.

— Vous êtes venu, répondit Sallenauve, me prendre dans une situation d'esprit où les intérêts parlementaires ne tenaient que bien peu de place. J'aurais, pour vous mettre à même de juger de la sagesse de ma résolution, une longue dissertation politique à vous faire. Outre que je ne me sens guère tourné de ce côté, il est plus de minuit, et la discussion pourrait nous mener très loin. Permettez-moi de remettre à demain l'exposé de mon plan. J'espère qu'il aura votre approbation quand je vous aurai déduit les raisons qui m'ont décidé.

— J'avoue, dit Bricheteau, que vous piquez vivement ma curiosité.

— Tant mieux, répondit le député, c'est déjà un commencement de succès.

— A propos, dit l'organiste, quittant comme maître Jacques son rôle de conseiller politique pour prendre celui d'intendant, on a parlé d'un vol commis ces jours-ci dans le pays. La maison est très isolée ; n'êtes-vous pas d'avis que nous ayons un chien de forte taille ?

— Oui, pourvu qu'il n'aboie qu'aux voleurs ; car, en général, les chiens de garde servent surtout à troubler le sommeil de leurs propriétaires.

— Oh ! dit l'intendant, je me procurerai quelque dogue de race ; puisque vous m'y autorisez, j'y mettrai le prix.

Il est évident que l'écouteur indiscret du *Feu éternel*, préoccupait Bricheteau.

Quand il fut rentré dans sa chambre, il alla reprendre le coffret dans le meuble où il l'avait déposé, et, après l'avoir ouvert, il en tira une liasse de lettres qu'il se mit à lire avec toutes les marques d'un vif intérêt.

Parfois même cet intérêt allait jusqu'à l'attendrissement, et ses yeux se mouillaient de larmes. Sa lecture finie : « Si j'étais raisonnable, se dit tout haut Jacques Bricheteau à lui-même, comme on fait volontiers dans les occasions passionnées, je brûlerais tout cela ; car enfin il est évident que mon secret est entamé, ne fût-ce que par le plus petit côté. Allons, du courage, ajouta-t-il un peu après.

Et s'approchant de la cheminée où brûlait un feu vif, il parut sur le point de livrer aux flammes tout le contenu du coffret.

— Pourtant, dit-il, en se ravisant, peut-être vais-je céder à une terreur panique. Qui me dit qu'un garçon, en entrant dans le cabinet, sans même penser à écouter, n'a pas renversé cette chaise? D'ailleurs eût-on écouté, et même tout entendu, qu'a-t-on pu comprendre à ce qui s'est dit?

En résumé, continua-t-il, après une pause, ces lettres, à un moment donné, pourraient nous être utiles, et puis, m'en séparer quand c'est tout ce que j'ai retiré de tant de sacrifices!

Non, finit-il par dire, c'est mon bonheur, ma consolation; si quelque chose de menaçant se dessinait à l'horizon, il sera toujours temps de les détruire. Demain je ménagerai quelque habile cachette.

Arrêté à ce parti, Bricheteau reprit les papiers, et, en les replaçant dans le coffret, comme il s'était laissé entraîner à déposer un baiser sur l'un de ces écrits :

— Vieux fou, s'écria-t-il, avec des cheveux blancs!

Il remit ensuite le coffret dans le meuble d'où il l'avait précédemment tiré ; et, après avoir placé la clé sous son oreiller, il fit ses dispositions de nuit ; un quart d'heure plus tard il était endormi.

CHAPITRE DEUXIÈME

II

La coalition.

Est-il bon que les ministres restent longtemps en place? Grande question qu'il n'est pas facile de trancher.

Sans aucun doute, on peut dire pour l'affirmative qu'un homme dès longtemps habitué à tenir les rênes de l'État, doit avoir la main plus sûre et plus ferme; qu'ayant eu le loisir de s'instruire jusque dans le détail, son coup d'œil d'ensemble est plus clairvoyant; que sachant bien tous les êtres des moindres affaires, il est moins exposé à la surprise et à l'erreur, qu'il peut avoir des plans, et les suivre. En somme, presque tous les hommes qui ont occupé avec éclat le pouvoir y ont fait un séjour prolongé. Richelieu, Mazarin, Colbert, Louvois, n'ont quitté le ministère qu'avec la vie; le duc d'Olivarez gouverna l'Espagne pendant vingt-deux ans; le marquis de Pombal, le Portugal pendant dix-sept M. de Metternich n'a vu finir qu'en 1848 une carrière ministérielle commencée vers 1811.

Par contre, pourtant, il est à remarquer que la chute ou la mort de ces grands ministres ont presque toujours été accompagnées de bruyants témoignages de satisfaction, ce qui laisserait croire qu'ils avaient fini par peser sur les pays qu'ils gouvernaient avec tant de gloire. Souvent même les souverains qui les avaient si longtemps maintenus aux affaires, ont été vus s'associant à l'expression de la joie publique. On ne devient pas, en effet, un homme nécessaire, sans passer à être un homme absolu, et difficilement, en devenant absolu, on parvient à rester agréable. Il pourrait donc se faire que, même à un un point de vue général, il en fut des ministère comme des folies, et que les plus longs né fussent pas les meilleurs.

Mais, dans tous les cas, au point de vue particulier du gouvernement parlementaire, la question ne fait pas question, et les longs ministères y sont un danger pour mille raisons faciles à déduire.

Dans ce mode de gouvernement, les ministres se font bien moins par la désignation du souverain que par celle de l'opinion publique, puissance essentieltement mobile et variable ; leur vie doit donc être en rapport avec ses vicissitudes : le flot qui les apporta doit les remporter, en se retirant.

Il n'est pas nécessaire que des ministres parlementaires soient des hommes, comme dit La Fontaine *au long espoir et aux vastes pensées*; l'administration tout au plus est dans leurs mains, et non le gouvernement. La représentation nationale et le pouvoir royal doivent seuls avoir de lointains horizons, parce qu'eux seuls, constitués d'une manière immuable, peuvent espérer la complicité du temps, et sont assurés de leur lendemain.

Dans le gouvernement parlementaire l'ambition est de droit : tout homme qui se sent pouvoir est admis à vouloir; chacun a donc la liberté de prétendre aux affaires, une fois qu'il a constaté une certaine capicité de les diriger. Qu'arrive-t-il, lorsqu'un ministère a vécu au-delà d'un certain délai moral? que les autres aspirants s'impatientent à la porte; qu'après avoir commencé par y frapper discrètement, ils l'ébranlent du poing et du pied, et finissent même, si cela dure, par vouloir l'enfoncer.

D'autre part, les gens de l'intérieur, qui ne sont jamais pressés de sortir, s'entêtent à la position qu'ils ne savent plus quitter ; ils s'y fortifient à tout prix, s'y barricadent ; de là ces abus d'influences pratiqués sur le corps électoral et sur la majorité des assemblées, et que les gens mal élevés appellent brutalement corruption et marchés de consciences.

Que si cet état violent se perpétue, la finesse de se mettre deux, trois et quatre contre un, pour être les plus forts, vient tout naturellement à l'esprit.

En vue de déplacer ce cabinet immeuble qui dérange la navette des ministères devant se succéder avec une certaine périodicité et qui recule le jour tacitement convenu pour chacun, de faire le quart gouvernemental, finissent par se former de monstrueuses alliances de partis ; or, c'était à une attaque de ce genre que, pour la session prorogée de 1839, le ministère où Rastignac jouait un rôle chaque jour plus considérable, allait se trouver exposé.

Canalis avait été ministre, donc il voulait le redevenir. Ce sont là deux idées qui s'enchaînent, comme l'heure qui finit à celle qui commence. Sa position parlementaire ne comportait pas qu'il fût le chef de la coalition qui se préparait. Jusque-là il n'avait occupé qu'un *petit* ministère, celui de l'instruction publique, mais au moins put-il se montrer l'un des ardents promoteurs de la levée en masse des partis dans la Chambre. Faisant le rôle du tambour qui bat le rappel, les peines qu'il se donna pour discipliner, organiser, ameuter, enrégimenter, furent inimaginables. On ne s'étonnera donc pas de le voir, le lendemain du jour où la curiosité politique de Bricheteau avait été si vivement excitée, arrivant à Ville-d'Avray et interpellant, comme il suit, Sallenauve, auprès duquel il se sentait entré, par le côté d'un service rendu :

— Eh! mon cher, que devenez-vous? Nous avons eu l'autre soir, chez Lemardelay, une réunion où se trouvaient tous les hommes considérables de tous les partis et ceux du vôtre en particulier; votre absence, ce qui est une grande flatterie pour votre importance, y a été beaucoup remarquée; mais ce qui n'est pas également agréable, elle vous vaut ce matin deux ou trois attaques extrêmement vives, dans les journaux de différentes couleurs.

— Ah! je suis semoncé! dit négligemment Sallenauve.

— Mais d'assez rude façon et notamment dans le *National*, où vous avez, je crois, des amis et des intérêts. Vous ne lisez donc rien? La villegiature pourtant ne va pas jusqu'à fin novembre; vous n'avez plus de feuilles à vos arbres, et il ne faudrait pas rester ici à rêver. Vous êtes un des plus remarquables arguments dans la question de l'aptitude des hommes d'imagination au maniement des affaires. Si c'est ainsi que vous défendez notre cause, elle sera bientôt compromise et perdue.

— Mais qui vous dit, demanda Sallenauve, qu'il y ait dans mon fait incurie et non préméditation ?

— Ah! dit Canalis qui était l'un des plus grands comédiens du monde, vous voudriez vous tenir à l'écart ? Au fait, c'est un rôle à jouer comme un autre, et j'y avais un moment pensé pour moi-même ; mais où mène-t-il ? Je n'aime pas me donner la peine de planter pour ne rien voir naître.

— Vous vous trompez, dit Sallenauve, jamais pas plus dans l'art que dans ma conduite, je n'ai visé à l'effet. J'ai pu préméditer mon attitude, mais je ne l'ai pas calculée.

— Très bien, dit Canalis, vous n'avez pas un intérêt mais vous avez au moins une raison pour ne pas entrer dans notre ligue du bien public ; serait-ce se montrer indiscret que de vous demander le pourquoi de cet isolement ?

— Non, mais vous d'abord, cher collègue, le pourquoi, s'il vous plait, de votre rassemblement tumultueux ?

— Parbleu! nous voulons mettre un terme aux envahissements chaque jour plus dessinés de la prérogative royale ; nous voulons la vérité du gouvernement constitutionnel et qu'il ne soit pas plus longtemps faussé et dénaturé ; nous voulons enfin déplacer un ministère insuffisant, qui se cramponne au pouvoir et qu'il faut bien en précipiter puisqu'il ne lui plaît pas d'en descendre.

— Je trouve comme vous, répondit Sallenauve, que le cabinet actuel est peu capable, et que, pour se maintenir au affaires, il compromet l'avenir en développant outre mesure, en haut lieu, les instincts du gouvernement personnel ; mais ce que je n'admets pas, c'est qu'en renversant ce ministère par le procédé turbulent auquel vous vous associez, vous arriverez à faire rentrer dans son lit la prérogative royale. Il me semble, au contraire, que vous lui faites la partie meilleure ; ce n'est pas une digue, c'est un barrage que vous allez établir, et vous n'arrêterez un moment le cours de l'eau que pour lui donner plus de force et d'élan.

— Ce point de vue est curieux, dit Canalis, et quelques développements n'y seraient pas inutiles.

— Combien êtes-vous, demanda Sallenauve, pour l'œuvre que vous allez faire? Au moins trois partis ; la droite mécontente, le centre gauche, la gauche pure ; je ne parle que pour mémoire de l'opinion légitimiste qui compte environ vingt-cinq membres dans la Chambre, et du parti démocratique, le mien, qui s'y trouve à peine représenté.

— Eh bien? dit Canalis.

— Vous prétendez que je ne lis rien,

reprit Sallenauve : l'autre jour, un article de journal m'a au contraire très vivement frappé. Homme intelligent et de précaution, le journaliste engageait les chefs des différents partis qui, dans la question des fonds secrets, vont se liguer contre le cabinet, à s'entendre d'avance sur le ministère qui doit sortir de la victoire. Sachons bien, disait-il, quand nous serons à l'hallali, quelle sera la part de chacun : les bons comptes, ajoutait-il spirituellement, font les bons amis.

— Je trouve, moi, dit Canalis, que ce journaliste est un sot; d'une grande manifestation politique il faisait un compte d'intérêts.

— C'est, en effet, un homme positif, qui veut qu'on s'assure les bénéfices de son œuvre, et, en supposant que ce qu'il conseillait soit praticable, le procédé indiqué par lui est le seul qui puisse promettre un résultat.

— Ce qui veut dire dans votre pensée que la constitution d'un cabinet après celui-ci sera devenue très difficile?

— Au contraire, dit Sallenauve, le lendemain de la victoire rien ne paraîtra plus aisé ; pour me servir d'une expression vulgaire, cela paraîtra simple comme bonjour : prendre tous les chefs de la coalition et en former un ministère, vous verrez que le roi, sans sourciller devant son pauvre cabinet Rastignac mis en pièces, sera le premier à vous le proposer. Mais alors commenceront les difficultés. Voulez-vous que les hommes de la droite livrent le gouvernement aux hommes de la gauche, et réciproquement? C'est impossible. Cependant tous auront également travaillé; pourquoi dans les salaires de la différence? Vous me direz que le centre gauche, en sa qualité d'opinion métis, sera là pour les départager; mais le centre gauche, c'est quelque chose qui ressemble aux hermaphrodites ; ayant deux sexes au lieu d'un seul, par cela même ils sont impropres à la génération, et autant dire alors des eunuques. Le Royal vaincu, cependant, du haut de son nuage, assistera à tout ce tripot, où l'on fera et défera chaque matin des combinaisons nouvelles, sans pouvoir s'entendre solidement sur aucune. Il laissera les amours-propres s'irriter, l'aigreur peu à peu succéder à la cordiale entente, se contentant de vous dire à chaque avortement nouveau : *Voyez, messieurs, arrangez-vous, cela vous regarde.* Le pays, de son côté, commencera à s'inquiéter de ne point être gouverné; la bourgeoisie, qu'on croirait si passionnée pour ses franchises, à bientôt fait de prendre l'épouvante quand on lui rend la main et qu'elle ne sent plus le mors et la bride. Une réaction, peu à peu, se fera dans l'opinion publique; elle croira entrevoir en vous ce que vous n'êtes pas, j'aime à le croire, des ambitieux et des coureurs de porte-feuilles. Enfin, un beau matin, quand le roi s'apercevra que le cri public est monté au diapason voulu, il débauchera quelques-uns des coalisés, ceux-là même qui auront crié le plus fort, parce qu'ils étaient les plus empressés à faire la place libre, et, en leur proposant de faire avec *lui* un cabinet, il n'aura pas même besoin de leur expliquer que c'est aux conditions anciennes de sa suprématie et de sa haute direction acceptées. Le pays, lui, laissera faire, parce qu'ayant vu la vanité de la campagne entreprise pour limiter le pouvoir royal, il arrivera à se persuader que cette limitation est décidément dangereuse ou impossible. En somme, la couronne, que vous aurez voulu maigrir, sortira plus grasse et mieux portante de cette épreuve; moi qui ne lui trouve déjà que trop d'embonpoint, je ne veux pas m'associer à une pareille duperie, et voilà pourquoi l'autre jour vous ne m'avez pas vu à la réunion Lemardelay.

— Mais, si vous voyez comme nous la maladie, quel est donc le remède que vous proposez?

— Le premier de tous et le plus efficace, la patience. Aujourd'hui le ministère sent la majorité lui échapper; il a été tout surpris de l'avoir encore dans les mains au commencement de la session; j'attendrais qu'elle eût tout à fait glissé de ses mains, mais naturellement, par la constitution d'une autre majorité vraie, et qui ne fût pas un tohu-bohu de trois ou quatre minorités juxta-posées.

— Et ensuite?

— De la majorité qui se dessinerait sortirait un ministère homogène; alors, s'il était composé d'hommes honnêtes, intelligents et fermes, qui fussent toujours prêts à mettre le marché à la main à la volonté royale, quand elle penserait à violenter leurs convictions, ce ministère, sans scandale et sans bruit, arriverait au résultat que vous vous proposez.

— Très bien ! dit Canalis, mais des ministères comme vous les composez là, mon cher, avec des hommes à la fois intelligents, honnêtes, fermes et toujours prêts à jouer leur portefeuille, ne se rencontrent pas si souvent que vous semblez le supposer.

— Alors, dit Sallenauve, mon parti et moi sommes dans le vrai quand nous croyons entrevoir la fin de tout ceci; là où l'on veut beaucoup de liberté, il faut beaucoup de sagesse et de vertus; voilà ce que je ne cesse de répéter aux républicains, mes amis, et ce qu'il faut dire aussi aux partisans du gouvernement parlementaire, qui, après tout, n'est qu'une république tempérée avec un président inviolable, inamovible et héréditaire placé sur le faîte de l'édifice pour le couronner.

A ce moment le vieux majordome annonça le marquis de Ronquerolles.

Le marquis était un ardent conservateur, ce que l'on appelait alors un *homme du château.*

La coalition étant la grande affaire du

moment, il ne fut question d'autre chose entre le pair de France et les deux députés.

Le marquis, pour combattre une idée qui inquiétait beaucoup le ministère dont il était l'ami, amena dans le débat des arguments d'un tout autre ordre que ceux dont Sallenauve s'était servi.

Il déclara que cette entente des partis était une association monstrueuse, immorale, attentatoire à la probité du gouvernement représentatif.

Canalis soutint que rien n'était plus

justifié que le procédé de ces mêmes partis. Moralement, sinon numériquement, le ministère n'avait plus la majorité, et il s'obstinait à détenir le pouvoir. C'était un vieux chicot à déraciner et avec lequel on ne pouvait se servir des instruments réguliers. Après tout, aucune des opinions marchant de conserve ne mettait son drapeau dans sa poche; on restait Prussien, Anglais, Russe, Autrichien, comme avaient fait les nationalités quand elles s'étaient coalisées contre un danger commun.

La discussion dura deux heures; les mêmes arguments furent présentés sous mille faces; on s'était harassé, enroué, et, sans Sallenauve qui sut maintenir le débat dans une atmosphère tempérée, on en fût venu aux gros mots, mais on ne s'était pas convaincu.

Voyant que Canalis, qui voulait après son départ faire sur Sallenauve un dernier effort, ne lui quittait pas la place, le marquis se décida à faire connaître devant le poète-député l'objet de sa visite ; peut-être même ne fut-il pas fâché d'être contraint à cette sorte d'indiscrétion.

— Cher monsieur, dit-il à Sallenauve, pour la première fois que j'ai l'honneur de vous voir chez vous, j'ai l'audace de venir vous demander une grâce insigne.

— Heureux de vous l'accorder, répondit Sallenauve, si cela m'est possible.

— Ma bien bonne amie, madame d'Espard, continua le marquis, a la manie, vous le savez, d'un salon politique; toutes les illustrations de l'époque ont successivement passé dans cette lanterne magique, et vous seul manquez à son médailler. Je lui ai promis, peut-être un peu étourdiment, de compléter sa collection, et d'aujourd'hui en huit, si cela ne vous était pas trop désagréable, la marquise serait heureuse de vous avoir à dîner; voilà une carte dont je me suis chargé pour vous.

Que faire avec une invitation s'entourant de tout cet appareil de précautions? se donner l'air d'un ours, ou accepter.

Sallenauve accepta, et le marquis se trouva très heureux d'avoir réussi dans sa négociation.

Canalis n'ayant pu faire du député d'Arcis une recrue, le quitta, au contraire, assez mécontent. Canalis était un homme entier, cumulant l'amour-propre d'un poète avec celui d'un ancien ministre. Il trouvait à la moindre de ses démarches assez de valeur pour ne pas comprendre qu'on n'en fît pas le plus grand état.

Il savait madame d'Espard très liée avec Rastignac, et son salon très ardemment opposé à la coalition. Sallenauve avait accepté une invitation chez elle; donc, il était en train de s'arranger avec le ministère, et, le lendemain, dans le monde politique, il n'était question que de la prochaine conversion du député républicain aux plus ardentes idées conservatrices. Voilà ce que c'est que la liberté de conscience selon les partis, et ce qui vous arrive quand on se permet de ne pas aller chez Lemardelay.

CHAPITRE TROISIÈME

III

Autres chagrins de M. de Trailles.

Quelques jours avant que se passassent les divers incidents qui viennent d'être rapportés, M. de Trailles avait reçu une désagréable visite.

Un matin, un homme de mauvaise

mine, tournure d'agent d'affaires, du plus bas étage, s'était présenté chez lui avec une certaine solennité, et lui avait exposé :

Qu'à son départ de Paris, M. le comte Halphertius s'était trouvé à court d'argent ;

Que son amie la dame Saint-Estève avait bien voulu mettre à sa disposition une somme de trente mille francs ;

Que, pour la garantie de ce prêt, le comte Halphertius avait laissé aux mains de ladite dame Saint-Estève un billet

portant reconnaissance d'une pareille somme de trente mille francs avancée par ledit comte Halphertius à M. le comte Maxime de Trailles ;

Que ledit billet souscrit à six mois de date, dans les derniers jours du mois de juin précédent, arrivait fin décembre à échéance...

— Il est bien étrange, dit Maxime en interrompant, que M. le comte Halphertius se soit trouvé, au moment de son départ, obligé de recourir à un emprunt, quand tout le monde sait que le matin même du jour où il avait quitté Paris, il avait touché une somme de trois cent deux mille francs, prix de sa maison de Ville-d'Avray qu'il avait cédée au sieur Sallenauve.

— La cause du départ subit de M. le comte Halphertius, répondit le mandataire de la Saint-Estève, fut la nouvelle d'une banqueroute qui compromettait une notable partie de sa fortune. C'est même parce qu'il était à la poursuite du misérable qui lui enlevait d'un seul coup plus de deux millions, qu'il a successivement manqué à plusieurs rendez-vous d'honneur pris avec M. le marquis de Ronquerolles. La somme importante qu'en effet il avait touchée chez maître Cardot ne pourvoyait que très incomplètement à ses embarras du moment; il fut obligé de faire flèche de tout bois, et, à son grand regret, il dut se dessaisir de tous ses billets de portefeuille. Sachant tous les égards qu'elle doit à M. le comte, madame de Saint-Estève m'a engagé à passer chez lui pour savoir s'il serait en mesure le jour de l'échéance. Dans le cas où M. le comte aurait besoin d'un ou deux jours de répit, madame de Saint-Estève se ferait un vrai plaisir de les lui accorder ; mais, ce délai passé, elle se verrait obligée de se mettre en règle. Elle a pour cet objet une procuration de M. le comte Halphertius, et, il ne faut pas se le dissimuler, les frais seraient considérables, l'effet étant sur papier-mort, et devant nécessiter un coûteux enregistrement.

On pourra se présenter à l'échéance, répondit Maxime, et je trouve, monsieur, bien extraordinaire la démarche comminatoire dont vous vous faites l'instrument.

— Il me semble, au contraire, monsieur le comte, qu'il est impossible de mettre plus de formes...

— C'est bien! le billet, vous dis-je, sera payé, voilà ce que vous vouliez savoir? J'ai l'honneur de vous saluer.

Nos lecteurs ne seraient pas déjà au fait de la situation embarrassée de M. de

Trailles, qu'à son ton de mauvaise humeur ils auraient compris qu'au contraire il n'était d'aucune façon en mesure de s'exécuter ; et, il faut bien le remarquer, il ne s'agissait pas ici d'une de ces dettes courantes qui, selon son son procédé alphabétique, pouvaient être classés dans l'Y ou dans le Z. Outre que que madame Saint-Estève devait être une débitrice peu commode, des poursuites judiciaires, venant à ébruiter l'obligation qu'il avait eue à ce comte Halphertius, homme alors tombé dans le dernier décri, eussent été un scandale qu'à tout prix M. de Trailles devait vouloir vouloir éviter. En conséquence, il se rendit à l'hôtel Beauséant, où, sous sa direction, s'opérait une somptueuse restauration, et en abordant sa prétendue et sa future belle-mère, il avait eu soin d'étendre sur son front un air assez soucieux pour être assuré qu'il lui serait demandé compte de sa sombre préoccupation.

Après s'être fait prier quelque temps pour s'expliquer :

— Eh bien ! dit-il à Cécile, s'il faut vous l'avouer, mon cher cœur, c'est vous qui me rendez fort malheureux, par une suite de délais dans lesquels vous paraissez vous complaire. D'abord, c'est votre deuil qui vous a été un prétexte d'ajourner mon bonheur ; aujourd'hui, c'est une autre raison. Ni marié, ni garçon, c'est une position véritablement intenable ; à tout instant je suis interpelé par des indiscrets, me demandant quand j'en finis, et qui ont l'air de supposer que dans mes projets de mariage il n'y a rien de sérieux.

— Mais, monsieur, repartit Cécile, je croyais une fois pour toutes m'être bien expliquée avec vous ; mon grand-père, homme de sens et d'expérience, a bien voulu s'occuper de mon bonheur, même pour le temps où il ne serait plus, et dans les instructions qu'il avait rédigées à mon intention, il me recommande de ne jamais épouser un oisif et un homme sans état. C'est donc à vous de hâter le moment où vous serez mis en possession de cette position politique ou diplomatique qui, de votre aveu même, est à votre disposition aussitôt que vous la voudrez.

— C'est juste, dit Maxime; me faire nommer chargé d'affaires au Pérou ou au Brésil, de manière à mettre entre nous quelques milliers de lieues aussitôt que nous serons mariés.

— Mais je vous ai dit que je vous suivrais; d'ailleurs, pourquoi ne pas demander une préfecture?

— C'est la question par la question,

répondit M. de Trailles ; le gouvernement, pour les fonctions publiques, veut des hommes installés et établis, et moi, il faut d'abord que j'aie des fonctions, afin de pouvoir penser à un établissement.

Cécile, enfant capricieuse et gâtée, tenait à ses idées ; même quand elles étaient raisonnables ; elle laissa donc M. de Trailles bouder tout à son aise et ne parut que très médiocrement émue en s'entendant dire qu'elle était un cœur de glace et sans reconnaissance pour les sentiments même les plus chaleureux.

La vérité est que, sans avoir aucun

dessein arrêté de rompre le mariage, dont la mort du vieux Grévin avait d'abord suspendu la conclusion, depuis son installation à Paris, Cécile le regardait comme beaucoup moins fait que par le passé. Elle avait eu dans les salons et les promenades quelques succès de beauté, qui lui avaient mieux appris sa valeur, et elle avait fait quelques comparaisons qui, à ses yeux, n'avaient pas relevé celle de M. de Trailles. Reçu à l'hôtel Beauséant, M. de Chargebœuf s'était ménagé avec *la petite fille qu'il avait vu naître*, quelques conversations amicales, et, sans la détourner précisément de conclure, il l'avait engagée à bien réfléchir. Enfin, il faut tout dire : le dimanche, pour se donner des allures de femmes du faubourg Saint-Germain, Cécile et sa mère ne manquaient jamais d'aller à Saint-Thomas-d'Aquin entendre la messe d'une heure; et là, l'ex-beauté d'Arcis n'avait pu s'empêcher d'être frappée de l'attention continue et passionnée que semblait lui accorder un charmant jeune homme à la chevelure blonde; ce soupirant anonyme, si on eût su au juste sa position dans le monde, était assurément tourné de manière à causer à M. de Trailles bien des désagréments.

Somme toute, Maxime sortit fort mécontent de sa visite chez madame Beauvisage et voyant que décidément il fallait frapper un grand coup, il se fit conduire boulevard de l'Hôpital à l'administration du chemin de fer d'Orléans, où il était à peu près sûr de rencontrer M. de Chargebœuf.

Ce qui faisait la force de Maxime, c'est, qu'homme essentiellement positif, jamais il n'était le serviteur de son imagination. En général, les brasseurs d'intrigues ont dans l'esprit un côté artiste qui souvent les pousse à préférer un moyen hasardé mais dramatique, à un moyen d'un résultat sûr mais qui ait le malheur d'être commun. Comme ces maîtres d'escrime qui ne se piquent pas d'avoir le jeu brillant et qui aiment mieux l'avoir solide, quand une fois le grand *tireur* avait découvert un coup qui allait bien au but, il ne mettait pas son amour-propre à en chercher un autre et le recommençait tout naïvement, sans avoir la moindre prétention de varier ses effets.

C'est pour cela qu'une fois mis en présence de M. de Charbebœuf, son quasi-beau-père, nous allons le voir donnant une seconde édition de l'exorde *ex-abrupto* qui déjà lui avait servi à Arcis avec le vieux Grévin.

— Monsieur, dit-il à l'ex-sous-préfet, j'ai l'honneur de vous demander en mariage mademoiselle Cécile Beauvisage, votre fille.

Ici, cette étrangeté était beaucoup plus incisive : M. de Chargebœuf se leva avec émotion, demandant quel était le vrai sens de cette impertinente plaisanterie.

— Ne nous emportons pas, monsieur, répondit Maxime ; je sais ce que je dis. L'idée impliquée par la phrase qui a pu vous déplaire, est encore, à Arcis, l'objet de quelque doute : pour moi, je suis complètement édifié.

Et sans laisser son interlocuteur s'engager dans des dénégations, explications et indignations inutiles, il s'empressa de lui raconter la noirceur de madame Mollot; la manière dont il en avait détourné les conséquences, et enfin la remise faite à Grévin du compromettant billet. Quant à l'emprunt, plus ou moins forcé des vingt-cinq mille francs, inutile de dire que M. de Trailles oublia complètement d'en faire la moindre mention.

Acculé à l'évidence, M. de Chargebœuf devint souple et conciliant et il se jeta dans des circonlocutions infinies pour établir que rien n'était justifié et véniel comme sa liaison avec madame

Beauvisage. Outre que déjà le temps mettait leur attachement mutuel sous la protection d'une sorte de prescription, il fallait voir dans Séverine une victime que son père avait mariée à un homme inepte par lequel jamais elle n'avait été comprise. Etait-elle donc si coupable d'avoir écouté la voix de son cœur et de s'être montrée sensible à des hommages qui, pour elle, avaient été moins un scandaleux entraînement qu'une consolation douloureuse ?

Quand une arme fait bien son service, à quoi bon en chercher une autre ? Non-seulement le début, mais la marche entière de la conférence avec M. de Chargebœuf, furent calqués sur le précédent de Maxime avec le vieux Grévin.

Il ne lui convenait pas de juger sa belle-mère :

Un fils ne s'arme point contre un coupable père,
Il détourne les yeux, le plaint et le révère.

Son rôle à lui était de protéger madame Beauvisage contre la calomnie et la médisance; mais pour que son intervention fût *constamment* efficace, il lui fallait son titre de gendre, et ce titre, on semblait s'étudier à le lui marchander indéfiniment.

— Vous comprenez, monsieur, ajouta-t-il, que je dois surtout ignorer vis-à-vis de madame Beauvisage le secret dont le hasard m'a fait dépositaire. A qui donc alors pouvais-je m'en ouvrir, si ce n'est à vous? sur l'esprit de ma belle-mère et sur celui de sa fille, vous exercez une influence qui ne saurait être mise en doute; j'ose donc espérer que, prenant en considération les malheurs dont la continuation d'un procédé qui menace de devenir blessant pour mon amour-propre, pourrait finir par être la cause, vous voudrez bien m'accorder votre bienveillant appui et mettre un terme à la fausse position dans laquelle je me trouve placé.

— Très certainement, répondit M. de Chargebœuf, je ferai de mon mieux...

— Mais la situation, dit Maxime en interrompant, est infiniment plus gâtée qu'elle n'en a l'air ; ce n'est pas à un Chargebœuf de la branche pauvre, qui a dû fourvoyer la splendeur de son nom jusque dans les chemins de fer et dans les sous-préfectures, que j'ai besoin d'apprendre les cruelles déchéances auxquelles les plus nobles blasons peuvent souvent se trouver exposés. Je n'ai point de fortune, j'ai dû faire pour ce mariage, qu'on semble s'étudier à traîner, des avances considérables, et vous savez, monsieur, que quand il s'agit de faire une corbeille, on ne va pas très loin avec une somme de trente mille francs.

— Je comprends cela, dit M. de Chargebœuf, et je vous promets de mettre tous mes soins à hâter le dénoûment.

— Pensez-vous, d'ici à cinq ou six jours, avoir pu lever tous les obstacles ?

— C'est un peu court, la diplomatie ne se fait pas bien au pied levé, et puis, si vous vous mariez ici, il faudra des publications nouvelles qui au bas mot demandent onze ou douze jours de délai.

— Pendant ce temps, monsieur, je serai noyé en vue du port, j'ai souscrit des billets à l'échéance de six mois, croyant avoir largement le temps de me retourner; aujourd'hui je suis menacé par leur échéance.

— Je ne suis malheureusement pas riche, dit M. de Chargebœuf. Cependant, si vous avez devant vous quelques jours, il me serait peut-être possible, avec le concours de quelques amis, de faire au moins une partie de la somme.

— Je vous suis reconnaissant de vos généreuses intentions, dit Maxime, mais ne pensez-vous pas qu'il serait naturel et équitable de vous adresser là où on a fait le mal?

— Oh! monsieur, dit l'ex-sous-préfet, si nous voulons tout perdre, nous n'avons qu'à frapper à cette porte; vous ne savez pas ce que c'est que les gens de province, et plutôt que de subir une pression du genre de celle dont il s'agit ici, il n'est pas de malheur que la famille Beauvisage ne se résignât à encourir. Mais, permettez, vous êtes au mieux avec Rastignac?

— Oui ; pourvu que je ne lui demande pas d'argent, car il a fort bien laissé à mon compte une somme d'au moins vingt-cinq mille francs, que j'ai dépensée pour l'élection d'Arcis, et cette somme fait justement tous mes embarras du moment.

— Mais enfin si vous lui portiez un renseignement de grande valeur?

— Ah! sans doute, si on pouvait lui rendre quelque service signalé, il s'écrierait peut-être, comme cette reine de France : *Vous m'en direz tant!*

— Eh bien ! reprit M. de Chargebœuf, au point où nous en sommes, je n'ai pas à faire avec vous de mystère, et je puis bien vous avouer que, de temps à autre, Séverine me fait la grâce de venir me visiter dans un humble pied-à-terre que j'ai pris dans ce quartier pour être à portée de mes occupations.

— C'est parfaitement dans l'ordre, répondit plaisamment Maxime, le quartier est parfait pour l'établissement d'une petite maison.

— L'autre jour, continua l'ex-sous-préfet, madame Beauvisage put me donner toute sa soirée et je la menai dîner dans un restaurant de grisettes, où faute de mieux je prends mes repas; vous avez peut-être pratiqué dans votre extrême jeunesse le restaurant du *Feu éternel?*

— Cela va sans dire, répondit Maxime, tout le monde a passé par là.

— Comme, pendant la semaine, poursuivit M. de Chargebœuf, le grand salon de l'établissement reste en proie à une profonde solitude, pour ne pas inquiéter la pudeur provinciale de Séverine, qui se serait peut-être révoltée à l'idée d'un cabinet particulier, c'est dans le grand salon que nous dînâmes ; ce salon, vous le savez sans doute, est situé au rez-de-chaussée avec une vue sur le boulevard.

— Très bien ! dit M. de Trailles, j'aime à apprendre que ma belle-mère garde au moins les convenances.

— Nous avions dîné de bonne heure pour avoir la soirée plus longue, et nous étions au dessert, quand, de derrière le rideau qui nous abritait, madame Beauvisage voit entrer un homme assez mal vêtu que, néanmoins, le propriétaire de l'établissement s'empressa de venir recevoir avec toutes les marques de la plus grande considération.

« — Tiens, dit Séverine, qui aussitôt parut fort intriguée, que vient donc faire ici ce misérable ? »

— Elle m'apprit peu après qu'il s'appelait Jacques Bricheteau, et qu'elle et vous, monsieur, aviez beaucoup à vous plaindre de lui.

— Votre récit, dit Maxime, prend un extrême intérêt; veuillez poursuivre.

— Habitué que je suis, continua M. de Chargebœuf, de l'établissement qui s'honore, j'ose me le persuader, de posséder un pensionnaire tel que moi, je ne laisse pas aussi d'y jouir d'une certaine considération, et, pour contenter la curiosité de madame Beauvisage, interrogeant le garçon qui a l'habitude de me servir, et qui est depuis fort longtemps dans la maison, je lui demandai quelques renseignements relativement à l'homme que nous venions de voir entrer.

« M. Larchevêque ? répondit le garçon, ma foi ! je ne le connais que pour venir ici une fois par an commander un repas de corps.

» Un repas de corps? demanda Séverine, et quels sont donc les gens avec lesquels il se réunit? » Ici le garçon se mit à rire. Ce fut sa réponse à la question. Moi d'insister, et, après un peu de façons, notre homme de nous avouer que le prétendu M. Larchevêque avait pour convives trois ou quatre femmes, constamment les mêmes; qu'il commandait toujours pour elles un petit dîner fin.

» Elles étaient, ma foi! gentilles il y a une dizaine d'années, finit par dire l'homme aux renseignements; mais, depuis ce temps, le coq, les poules, et moi, tout ça a vieilli. »

— J'avais toujours soupçonné, dit comiquement Maxime, que ce Bricheteau devait être un homme très immoral!

— Vous pensez bien, répondit l'ex-sous-préfet en reprenant son récit, que madame Beauvisage prétendit en savoir plus long, d'autant mieux qu'au dire du garçon, M. Larchevêque entourait du plus grand secret ses réunions, jusqu'à payer la location du cabinet mitoyen, de manière à être sûr de n'avoir auprès de lui personne pour écouter.

— Mais savez-vous, dit Maxime avec solennité (sa furieuse aversion pour Sallenauve le faisait tourner au gobe-mouche), qu'il y a dans tout ceci quelque chose de très grave.

— Ce qui est admirable, poursuivit M. de Chargebœuf, c'est l'audace et l'ouverture d'esprit que la haine peut tout d'un coup donner à une femme ; jugez de ma stupéfaction en entendant Séverine dire à l'homme qui nous renseignait : « Cet homme vous trompe, il ne
» s'appelle pas Larchevêque; il s'appelle
» Jacques Bricheteau et est organiste de
» l'église Saint-Louis-en-l'Ile, c'est un
» misérable qui dépense tout ce qu'il
» gagne avec d'indignes créatures, et
» moi, sa malheureuse femme, j'ai été

» obligée de me séparer de lui à cause
» des mauvais traitements dont il m'ac-
» cablait. »

— C'est merveilleux de présence d'esprit ! s'écria Maxime.

— Aussitôt, continua M. de Chargebœuf, le garçon de prendre parti pour la femme innocente et persécutée, et de se montrer très disposé à entrer dans ses peines ; pour vous le faire de court, moyennant deux napoléons et la promesse que nous ne ferions aucun bruit, il se décida à nous introduire dans le cabinet, d'où l'on pouvait avoir l'oreille à ce qui se passait chez mons Bricheteau;

seulement, pour l'acquit de sa conscience, il crut devoir nous prévenir que notre curiosité pourrait bien se trouver déçue, car lui-même plusieurs fois, depuis bien des années que durait ce mystère, n'avait pas été sans faire un peu d'indiscrétion et, tout ce qu'il avait découvert, c'est qu'on donnait de l'argent à M. Larchevêque, et que lui-même, d'autres fois, paraissait rendre des comptes, ce qui n'était pas tout à fait le scandale dont il avait pensé être témoin.

— Enfin, dit Maxime, vous voilà aux écoutes !

— Nous y restâmes une bonne heure

et demie, répondit M. de Chargebœuf.

Et ici le récit de la scène à laquelle a déjà assisté le lecteur, la chute de la chaise comprise.

— Il n'importe, dit Maxime qui s'était attendu à des découvertes un peu plus concluantes, il reste toujours établi que ce Sallenauve a été élevé par les bienfaits d'une sorte de charité publique du plus bas étage ; mais vous êtes bien sûr de n'avoir recueilli aucun autre détail ?

— Vous comprenez que, l'oreille collée à une muraille, on n'est pas précisément à son aise, et qu'il vous échappe toujours quelque chose ; cependant je dois ajouter que madame Beauvisage, qui véritablement avait le diable au corps, exigea, lorsque nous fûmes dehors, que nous attendissions sur le boulevart la fin de la séance du club. Ensuite elle m'ordonna de suivre Bricheteau pour savoir ce qu'il deviendrait; une fois que je l'eus vu enfiler le pont d'Austerlitz, je pris le temps de mettre madame Beauvisage dans une des voitures de place qui stationnent devant le Jardin des Plantes, et me voilà transformé en agent de police suivant notre homme jusqu'aux environs de la place de la Bastille où je le vis entrer au numéro 5 d'une rue qui s'appelle, je crois, la rue Castex.

— Et après? fit vivement Maxime.

— Après, j'avais assez du métier et de la sotte soirée que je venais de passer ; je jugeai que M. Larchevêque était chez lui, et au bout de quelques minutes je me retirai.

— Depuis, sans doute, madame Beauvisage a fait quelques démarches ?

— Oui, elle est allée de sa personne au domicile susdit, où, en ayant l'air de vouloir louer un appartement, elle a adroitement fait causer le portier. Malheureusement, rien. Bricheteau, en effet, loge dans cette maison, mais il n'a là qu'un pied-à-terre où il vient seulement de loin en loin. C'est, d'ailleurs, un locataire qui n'attire nullement l'attention, à cela près cependant, d'une lettre qu'il a reçue dernièrement et qui portait le timbre de *l'Assomption*, capitale, si je ne me trompe, du Paraguay, dans l'Amérique du Sud. Madame Beauvisage trouve cette circonstance fort importante, et elle devait vous en parler, ainsi que de tout le détail que je viens de vous conter. Elle était seulement empêchée de vous expliquer la manière dont toutes ces demi-lumières lui étaient arrivées; mais maintenant que la glace est rompue, vous voilà mis par moi aussi bien au fait que par Séverine; or, il me semble qu'en abordant Rastignac avec tout cet appareil de révélations intéressant un homme qui le préoccupe beaucoup, vous pourriez, en donnant un peu plus de corps à votre confidence...

— En tirer trente mille francs ? dit vivement Maxime : cela n'est guère croyable ; enfin, pourtant, je le tâterai ; mais vous, de votre côté, cher monsieur, voyez si auprès de vos amis, et même auprès de madame Beauvisage, vous ne pourriez aviser à me tirer de peine, car je suis vraiment acculé ; ce ne serait, après tout, qu'une avance de quelques jours, car avec votre bienveillante intervention, le mariage, maintenant, ne peut pas traîner beaucoup.

— Comptez sur moi de toutes manières, dit M. de Chargebœuf, et d'ici à deux jours j'aurai l'honneur de passer chez vous.

Là-dessus les deux interlocuteurs se séparèrent les meilleurs amis du monde; et n'est-ce pas le cas de s'écrier; Amour! amour! c'est encore là un de tes traits!

CHAPITRE QUATRIÈME

IV

Les diplomaties de madame d'Espard.

Le dîner auquel Sallenauve, quelques jours avant, avait été convié par Ronquerolles chez madame d'Espard, se passa sans aucune espèce d'incident; la marquise était trop bien élevée pour paraitre, la première fois qu'elle recevait un convive, vouloir de lui autre chose que lui-même : patiente comme toutes les grandes diplomates, elle remit, lors de la visite que le député ne pouvait manquer de lui faire après avoir accepté à manger chez elle, à traiter un certain nombre d'objets très graves dont elle avait le désir de conférer avec lui.

Dans la huitaine, Sallenauve se présenta à l'hôtel d'Espard ; il fut reçu dans ce coquet petit boudoir qu'avait si singulièrement inventorié le juge Popinot, à l'époque où la marquise pensait à faire interdire son mari (voir l'*Interdiction*). L'accueil de la marquise ne fut pas seulement empressé et plein de distinction : du premier coup il alla jusqu'à quelque chose d'affectueux.

— Vous ne doutez pas, monsieur, lui dit-elle, que je me trouve très avant dans l'une des grandes affaires de votre vie. Un mot vous fera tout comprendre. Je suis une des bonnes et anciennes amies de mon voisin M. de Lanty.

— Vos deux hôtels, en effet, sont fort proches, répondit Sallenauve, remarque presque bête ; mais il se voyait mis sur un sujet délicat et regardait, avant de s'avancer, où il mettait le pied.

— Je n'ai rien ignoré, continua la marquise, de ce qui s'était passé, il y a quelques années, au sujet de Marianina ; c'est une charmante fille qui avait eu plus d'esprit et de prescience que nous tous ; elle avait deviné votre grand avenir et se conduisait en conséquence.

— Comme à presque tous les prophètes, répondit Sallenauve, mal lui en prit de son talent de divination.

— Oui, dit madame d'Espard, je trouvai qu'alors M. de Lanty avait été bien sévère pour elle ; mais, depuis il a mis une sorte de passion à réparer les torts qu'il avait pu avoir avec *tout le monde.*

— J'ai, pour mon compte, éprouvé cette bonne intention.

— Je le sais ; c'est moi qui m'étais ingéniée pour procurer entre vous une rencontre.

— Comment! ce n'est pas le hasard?

— Il n'y a pas de hasard, quand nous nous mêlons de quelque chose : ce que femme veut...

— Alors, madame, j'aurais donc des remercîments à vous adresser pour la bienveillante habileté que vous avez mise à lui persuader de meilleurs sentiments.

— Mon Dieu non ; la bonne pensée

est tout entière à M. de Lanty; il avait profondément regretté que les ténèbres, dont restait enveloppée votre naissance, ne lui permissent pas, dans les idées du monde, de vous vouloir pour gendre. Aussitôt que M. votre père vous eut rendu votre nom, M. de Lanty me parla de son vif désir de renouer vos anciennes relations. Toutefois, vous le comprenez, une mauvaise honte l'empêchait de prendre la grande route, et d'aller droit à vous. Après y avoir un peu pensé, j'eus le mérite d'inventer un petit chemin de traverse.

— Comment! l'histoire de cette religieuse à doter?

— Les religieuses sans dot ne manquent jamais, vous savez : il y a longtemps que La Bruyère l'a dit, le monde est plein de vocations vraies ou éprouvées qui ne sont pas assez riches pour faire vœu de pauvreté. Seulement, ce qui est sorti de ma tête, c'est l'idée de vous présenter comme un legs de la succession de lord Lewin la bonne action au moyen de laquelle j'espérais vous amener chez nos bonnes Bénédictines.

— Votre petite conspiration, dit Sallenauve, a très bien réussi ; pourtant, si je n'avais été moi-même porter au couvent la somme qui était réclamée de moi?

— Alors, la supérieure vous eût écrit

qu'elle éprouvait le besoin de vous exprimer de vive voix sa reconnaissance, et vous étiez trop poli de ne venir point. Le couvent est à deux pas de l'hôtel de Lanty, et, soit dit en passant, la pauvre Marianina qu'on y a conduite de nuit, après lui avoir fait faire en voiture un long trajet, pendant longtemps ne s'est pas doutée que les arbres qu'elle apercevait par-dessus les murs de sa prison étaient ceux du jardin de son père ; vous voyez donc que rien n'était plus simple ; une fois arrivé, la supérieure vous faisait faire un peu d'antichambre et vous retenait ensuite à causer ; pendant ce temps, on avait tout le loisir de prévenir M. de Lanty ; et c'est précisément ce qui s'est fait. Seulement, comme une rencontre du prix de six mille francs pourrait vous paraître un peu chère, je suis chargée de vous remettre...

— Vous n'y pensez pas, madame, dit vivement Sallenauve, et puisqu'il y a toujours des religieuses à doter!

— Soit. J'accepte pour la maison dont je suis une des bienfaitrices. Il y avait d'ailleurs à notre histoire un fonds de vérité, et une pauvre fille à laquelle Marianina s'intéresse profitera de votre générosité. Maintenant, pour en revenir aux projets de M. de Lanty, il est désespéré que vous ayez si mal réussi dans votre intervention auprès de sa fille et se demande si vous n'avez pas bien promptement cru à une résolution irrévocable?

— Je suis convaincu, madame, que, de mon fait du moins, il n'y a absolument rien de nouveau à tenter; le parti pris de mademoiselle Marianina m'a paru extrêmement sérieux, et je me ferais conscience d'insister en quelque façon que ce fût pour lui persuader d'y renoncer.

— Mais, dans l'avenir pourtant, si quelque chose se modifiait à ses idées?

— L'avenir, madame, est bien grand,

et qui pourrait se flatter de calculer toutes les choses dont il peut être rempli?

— Nous recauserons de cela plus tard, dit madame d'Espard, en passant provisoirement condamnation sur le premier chapitre de ses diplomaties ; maintenant venons à une intervention plus efficace et plus heureuse que vous me semblez en mesure de nous accorder dans une affaire qui regarde deux de mes amis : ne vous paraîtrai-je pas trop indiscrète en réclamant pour cet intérêt vos bons offices ?

— Vous ne sauriez jamais, madame, être indiscrète, mais je puis souvent être inutile ou incapable.

Sans s'arrêter à cette fin de non-recevoir, qui pouvait être prise aussi pour de la modestie.

— Vous devez, monsieur, dit la marquise, avoir sur l'esprit de la signora Luigia une certaine influence, car, après tout, c'est à vous qu'elle doit l'éducation musicale qui l'a faite ce qu'elle est.

— Depuis que la Luigia a quitté ma maison, répondit Sallenauve, je l'ai vue un quart d'heure à Londres, et l'autre jour je lui ai adressé chez M. le ministre des travaux publics quelques paroles de félicitations très froidement accueillies.

Voilà, madame, le bilan de mon influence auprès d'elle.

— Je comprends cette froideur ; vous n'avez pas sacrifié sur l'autel de sa beauté; mais pourtant, dans une affaire grave, et intéressant profondément son avenir ; dans une question de mariage, par exemple, il me paraîtrait difficile qu'elle ne fît pas un grand état des conseils d'un homme de votre portée et auquel elle a de si grandes obligations.

— Si ce mariage était convenable, et puisque vous daignez vous en mêler, madame, il ne saurait être autre chose, je ne dis pas que je ne pourrais pas y être de mes conseils, mais pour ce qui est d'être écouté, je ne m'en fais pas fort le moins du monde ; à Londres, vous le savez, la Luigia passe pour avoir refusé un pair d'Angleterre.

— Et il ne s'agit que d'un pair de France, dit la marquise en soupirant plaisamment ; c'est justement pour cela que nous trouvons utile de nous fortifier de vous.

— Est-il trop tôt, madame, pour vous demander le nom de l'audacieux prétendant ?

— Eh ! mon Dieu ! vous vous en doutez bien, il s'agit du marquis de Ronquerolles, qui veut absolument faire cette folie. Moi, j'ai pour principe de me mettre en travers des sottises de mes amis, tout le temps que je puis juger ma résistance utile; mais, une fois que je les vois décidés, j'ai le bon cœur de les y aider, et d'être un peu l'abbé Tiberge de *Manon Lescaut*; dans ce cas, d'ailleurs, quelqu'un que j'aime aussi, profiterait au moins du mal que je ne puis empêcher.

Sallenauve se contenta de faire de la tête un signe d'assentiment; il ne voulait pas s'avancer plus loin dans l'approbation que lui semblait mériter cette théorie de la charité relative.

— Il faut que cette fille, continua madame d'Espard, ait en elle quelque chose de vraiment séduisant, et vous devez, vous, monsieur, être un bien grand sage pour avoir échappé à cet entraînement général. Sans parler de l'émoi qu'elle avait jeté dans toute l'aristocratie anglaise, voici, à Paris, ce comte Halphertius, lord Barimore, le marquis de Ronquerolles, et enfin le comte de Rastignac, que j'avais toujours tenu pour un *froidureau* exclusivement occupé de son avenir politique, voilà, dis-je, tous ces gens haletants et affamés après ses beautés.

— Comment, vraiment! dit Sallenauve, M. le ministre de travaux publics aussi!

— Ah! c'est-à-dire que c'est navrant; il ne sort plus de chez elle, il en néglige toutes ses affaires. Les petits journaux commencent à s'égayer, et vous vous imaginez la douleur de sa pauvre petite femme qui, après un an de mariage, se voit délaissée avec ce scandale et cette publicité.

— Mais, de la part de la Luigia, croyez-vous à une complicité quelconque?

— Jusqu'à présent il ne paraît pas

que M. de Rastignac soit beaucoup plus heureux que les autres ; cependant on dit qu'elle lui fait des coquetteries ; c'est tout simple, il est la plus jeune, et a l'auréole du pouvoir. Voilà donc ce que je m'étais dit : si on pouvait décider cette fille à accepter le miraculeux bonheur de son mariage avec Ronquerolles, lequel, je vous le répète, est décidé et aheurté à ce dénoûment autant qu'on peut l'être, au moins on couperait court à la fantaisie de Rastignac.

— Je puis voir la Luigia, répondit Satlenauve ; mais avant de la pousser à une conclusion qui, en effet, aurait toute l'apparence d'un bonheur inespéré et miraculeux, j'oserai vous demander, madame, si en bonne conscience, vous pensez qu'elle n'ait jamais à se repentir d'avoir été si heureuse ?

— Ah ! vous ne connaissez pas Ronquerolles ; c'est une volonté de fer ; une fois le mariage réalisé, je vous garantis qu'il fera respecter son choix, et que sa femme occupera réellement dans le monde la position qu'il se sera décidé à lui donner. Pour amoureux, il l'est autant qu'on peut l'être, et une femme belle comme la Luigia et qui flattera sans cesse son amour-propre par les succès de beauté et de talent qu'elle obtiendra dans les salons, sera bien sûre de le retenir dans le filet où il s'est pris. C'est un amour de vieillard qui s'offre à elle ; l'espèce, vous le savez, la plus absolue et la plus tenace.

— Après les assurances que vous voulez bien me donner, je n'ai pas de raisons, madame, de Sallenauve, de me refuser une occasion de vous être agréable. Quelque chose, cependant, me retient encore ; j'ai eu avec M. de Rastignac un commencement d'hostilités politiques, et il me déplairait qu'il pût penser que je lui fais la guerre sur un autre terrain que celui de la Chambre.

— De ce côté-là, vous pouvez être

tranquille, Ronquerolles est un homme
parfaitement sûr; d'ailleurs quel intérêt
aurait-il à faire savoir qu'il a eu besoin
de votre recommandation auprès de sa
femme ? Je vais plus loin : nous avons si
peu la pensée de vous brouiller avec
Rastignac, que nous pensons, au contraire, à vous raccommoder; car, enfin,
avec votre fortune et tout ce qu'il y a en
vous de supérieur, vous ne pouvez pas
vouloir vous enterrer indéfiniment dans
cette impasse qu'on appelle le parti démocratique.

— Pourquoi, madame, si j'ai le malheur que ce parti soit le mien ? Il en est
un peu des partis comme des religions :

celle où l'on est né est provisoirement la meilleure, et il faut bien des raisons et bien de l'évidence pour être amené à en changer.

— Oh ! les raisons, on ne se fera pas faute de vous en fournir : déjà parce que vous ne vous êtes pas empressé de vous rallier à cette arlequinade qu'on appelle la coalition, vous voilà en butte aux brutalités de la presse ; soyez tranquille : quand vous aurez un peu plus pratiqué vos amis, vous verrez à quels gracieux tyrans vous avez affaire. Vous êtes des nôtres, monsieur, et rappelez-vous ma prédiction : Un jour ou l'autre, vous nous reviendrez ; c'est, du reste, l'opinion de

M. de Lanty, très bon juge des hommes et des choses politiques.

— Je le croyais, au contraire, assez étranger à cette espèce d'intérêts.

— Oh! détrompez-vous; M. de Lanty donne beaucoup de son temps à la culture des sciences naturelles, où il est un homme éminent. Cette passion, jointe à un peu de paresse naturelle, l'a toujours empêché de descendre au milieu de la bagarre politique, mais il n'est pas le moins du monde insouciant à cet ordre d'idées où il se contente pourtant d'être *consultant*. Il voit beaucoup les ministres, est très écouté dans les questions financières, et surtout dans les questions diplomatiques, où ses immenses voyages lui donnent sur les autres intelligences un avantage et un poids considérables. Eh bien! l'autre jour, à propos de ce mariage qu'il désire, et qui se trouve aujourd'hui engravé : « Si M. de Sallenauve, me disait-il, entrait dans ma famille, avec nos deux fortunes et nos deux intelligences réunies, nous deviendrions une puissance ; moi, je resterais derrière le rideau, n'étant plus d'âge à venir me mettre sur la brèche parlementaire ; mais je crois que pour le conseil je ne serais pas inutile à mon gendre, et je ne sache pas de hauteurs auxquelles il ne puisse prétendre. Ce qu'il y a de sûr, monsieur, c'est que les ministres ont déjà très peur de vous ; vous n'avez parlé qu'une fois, mais avec une parfaite distinction et avec une parfaite convenance, et puis il y a en vous une force d'étoile qui semble devoir triompher de tous les obstacles. Tout vous arrive, même l'amitié de M. de l'Estorade, avec lequel, à ce qu'il paraît, vous vous êtes réconcilié.

— Oui, M. de l'Estorade a eu la bonté de reconnaître ses torts.

— Quelle imprudence ! dit malicieusement la marquise.

— Vous êtes donc, madame, dit Sallenauve, affectant de ne pas comprendre, bien implacable dans vos inimitiés !

— Oh! oui! je suis mauvaise; il y a surtout une classe d'ennemis que je ne reçois jamais à merci : ce sont les prudes, les bégueules qui veulent, comme on, disait d'une dévote outrée, *aller pardelà le paradis!* mais par exemple, mes amis, je les aime effrontément.

Quand il vit que, malgré le service qu'elle attendait de lui, emporté par sa nature féline, madame d'Espard était en voie de devenir tout à fait désobligeante pour une femme qu'il aurait le devoir de défendre, Sallenauve se leva et prit congé en promettant de faire connaître le résultat de sa démarche auprès de la *diva*. Etrange chose que le cœur humain! quelques jours plus tôt il avait décidé avec lui-même que, pour lui, la Luigia n'était rien et ne pouvait rien être, et pourtant ce n'était pas sans quelque déplaisir qu'il se sentait engagé à aller la solliciter en faveur d'un autre. Il était certes trop honnête homme pour ne pas remplir en conscience la mission dont il s'était chargé, car en réalité l'occasion qui s'offrait à celle qu'il avait autrefois protégée, avait quelque chose de vraiment enviable et il se serait fait conscience de l'en déposséder ; mais, en comptant bien avec lui-même, il ne se sentit aucune ardeur de réussir, et pensa avec une certaine complaisance aux bizarreries de la Luigia, qui n'étaient pas sans lui laisser l'espérance d'un heureux insuccès.

Avec tous ses premiers chapitres d'amours inédits ou interrompus, Sallenauve, sans qu'il s'en aperçut, arrivait à la situation de ces coquettes qui n'ayant la pensée d'en finir avec personne, se sentent cependant inquiètes et mécontentes quand elles viennent à s'apercevoir qu'un des attentifs qu'elles ont englués pourrait bien prendre sa volée.

Cependant il fallait s'exécuter, et, rentré chez lui, le négociateur, après y avoir un peu pensé, jugea qu'il ne devait pas se présenter *ex-abrupto* chez la cantatrice. En conséquence, il lui écrivit un mot pour savoir quand il pourrait en être reçu.

Deux jours s'étant passés sans qu'il vît arriver de réponse, il fut tout étonné de se sentir extrêmement préoccupé, et s'il se fût bien examiné, il eût reconnu que dans le procédé de ce silence prolongé et tout à fait imprévu, ce n'était point par le défaut d'égards et de politesse qui pouvait y être aperçu, qu'au fond il se trouvait le plus désagréablement impressionné.

Le troisième jour il reçut enfin le billet attendu et en en voyant la contexture solennelle : « La signora Luigia aura l'hon-
» neur de recevoir M. de Sallenauve,
» membre de la Chambre des Députés, de-
» main à trois heures, dans son hôtel, rue
» de la Pépinière, » il se demanda si

cette forme cérémonieuse était le fait d'une fille arrivée à une ridicule idée de son importance, ou s'il devait seulement y voir une ironie à l'adresse de la précaution que lui-même avait prise de ne pas se présenter sans s'être annoncé par écrit. Il était encore occupé de la solution de ce problème quand, ouvrant à deux battants les portes de son salon, le vieux Philippe annonça la signora Luigia.

Sallenauve resta tout stupéfait en entendant ce nom, il en crut à peine ses oreilles. Puis, allant avec émotion au-devant de la visiteuse :

— Bon Dieu ! chère madame, lui dit-il, qu'avez-vous fait ? vous vous perdez.

CHAPITRE CINQUIÈME

V

Adieux.

Avant d'entrer dans le détail de la visite faite par la Luigia à Ville-d'Avray, un mot sur quelques événements qui avaient été le point de départ de cette démarche.

Madame d'Espard n'avait rien dit qui ne fût vrai, et depuis la soirée musicale donnée au ministère des travaux publics, le ménage de Rastignac avait été de plus en plus troublé.

Le colonel Franchessini, qui, le premier et en ayant l'air de plaisanter, avait sonné l'alarme, s'était trouvé assez naturellement le confident des mortels déplaisirs de la comtesse Augusta, et, tout en ayant l'air de les plaindre, il n'avait pas manqué de les aigrir et de les aviver.

Enfant gâté, et, jusqu'à l'époque de son mariage, n'ayant jamais sous sa molle et douce existence senti seulement le pli d'une rose, devant le malheur, madame de Rastignac avait perdu la tête ; elle avait fait à son mari tantôt des scènes de violence, tantôt des scènes de désolation, et avait commis l'immense faute de finir par afficher une douleur bourgeoise, bruyante et de mauvais goût.

Elle était alors bien loin de compte avec cette sécurité insolente qu'elle avait témoignée au moment où Franchessini lui avait donné un premier avertissement sur la fascination à laquelle paraissait exposé son mari, et, poussée par son désespoir, en était venue à concevoir l'idée d'une démarche dont madame de l'Estorade avait reçu avec effroi la confidence. Elle voulait de sa personne se rendre chez la Luigia, qu'on lui avait dit une femme à tenir compte d'une douleur qui s'exprimerait par tant d'abaissement; cependant, sur les vives représentations de sa prudente amie, transigeant avec son idée, elle avait fini par députer le colonel Franchessini, qui s'était engagé à obtenir tout le bénéfice espéré de cette détermination violente, et à en sauver néanmoins les dangereux côtés.

Ce bon apôtre de colonel, devenu le consolateur des pauvres *veuves*, savait très bien ce que, dans un temps donné, peut rapporter le rôle de pacificateur des ménages, et, se mettant de tout cœur à l'œuvre, il s'était si habilement acquitté de son ambassade, qu'il avait pu rapporter ces rassurantes paroles : « Dites à » madame la comtesse que, dans moins » d'une semaine, elle n'aura plus rien à » craindre de moi. »

C'était le lendemain du jour où avait été rendu ce consolant oracle que la Luigia avait reçu le billet de Sallenauve ; maintenant nous pouvons les remettre aux prises et écouter la réponse que fit la cantatrice à l'exclamation effarée du député : *Chère madame, qu'avez-vous fait? vous vous perdez !*

— Comment! je me perds, dit en riant la Luigia, parce qu'après tout Paris, qui y a passé, j'ai eu la curiosité de venir visiter ce châlet dont il n'a tenu qu'à moi de devenir propriétaire ?

— En recevant de moi un billet, repondit Sallenauve, vous aviez dû supposer que j'avais à vous entretenir de quelque grave intérêt.

— Je le crois bien, vous me demandiez une audience comme à un ministre.

— Mais vous, de votre côté, vous avez répondu ministériellement, car, sans parler de la forme officielle, vous y avez mis le délai.

— C'est justement pour cela que vous me voyez ici. Je trouvai si singulier qu'avec moi un rendez-vous demandé par écrit vous semblât nécessaire, que je crus devoir vous répondre du même style. Aussitôt mon billet parti, je craignis de n'être pas comprise et de vous paraître possédée d'une vanité ridicule, alors je suis venue.

— Fâcheuse inspiration, repartit Sallenauve, car, pour commettre une légèreté regrettable, vous prenez le moment précis où, plus que jamais, vous avez besoin de ménager votre considération.

— Je ne vois rien de bien compromettant à venir passer une heure chez un homme avec lequel pendant deux années j'ai habité sous le même toit.

— Les temps sont bien changés, et vous n'auriez pas pu prétendre alors...

La Luigia l'interrompit.

— Avant de parler d'affaires, dit-elle, je veux d'abord que vous me montriez *ma* propriété.

Après que l'on eut tout visité, les appartements, les serres, et pris par l'imagination un sommaire aperçu des beautés du parc, qui, dépouillé alors de son feuillage, n'offrait pas un grand intérêt de promenade, on revint au salon, et alors la Luigia se déclara prête à écouter la communication annoncée.

— Chère Luigia, lui dit alors Sallenauve, il s'agit pour vous d'une détermination grave, et j'ajouterai, d'un événement très heureux, on vous propose un mariage.

— Et c'est vous, dit l'Italienne, qui vous chargez d'être l'intermédiaire.

— Vous savez, reprit le député, que j'ai toujours désiré votre bien.

— Ah! fit la Luigia avec un accent de légère ironie.

— Le parti qui se présente pour vous, quelle que soit la position à laquelle vous êtes arrivée, est, à vrai dire, magnifique et inespéré.

— Et c'est?... dit la cantatrice.

— Un homme, continua Sallenauve, qui n'est pas de la première jeunesse, un grand nom, une grande fortune, beaucoup de considération dans le monde, et pour vous un amour dont rien que la recherche qu'il fait de vous suffit à donner la mesure.

— Enfin, dit l'Italienne, ce vieux fou de marquis de Ronquerolles.

— Comment! il vous a dit?

— Non, il s'en est bien gardé; il vous eût privé du plaisir d'être son porte-parole, mais nous comprenons sans qu'on nous dise; et quand, ayant compris, nous n'avons pas l'air d'entendre, on devrait bien se douter que le rêve n'est pas de notre goût.

— Je ne sais, dit Sallenauve, si votre refus est sage.

— Vous ne vous y étiez pas attendu, n'est-ce pas ? répondit la Luigia, la chose, pour vous surtout, est si incroyable !

— Je sais que vous n'êtes pas une femme comme toutes les autres ; mais, pourtant, marquise et femme d'un pair de France, voilà de ces avantages que ne vous donneront jamais ni votre fortune, ni votre talent.

— Que vous ai-je dit à Londres ?

— Vous m'avez dit beaucoup de choses.

— Oui, mais entr'autres choses, qu'à mes yeux, le premier de tous les hommes c'était un artiste.

— Sans doute, mais les idées se modifient; l'expérience arrive avec les années.

— Moi, mes idées ne changent pas; ce que j'ai trouvé bien une fois, je le trouve bien toujours; ce que j'ai haï, je le hais; ce que j'ai aimé, je l'aime; et, de plus, comme j'ai éprouvé qu'à qui sait attendre, bien des choses arrivent, je n'ai pas la moindre envie de faire avec un marquisat la clôture de mon avenir, d'ailleurs, ajouta-t-elle gaîment, si je terminais tout par M. de Ronquerolles, que deviendrait mon pauvre lord Barimore, que deviendraient M. de Rastignac et tous mes autres adorants?

— Le dernier nom que vous venez de prononcer, reprit gravement Sallenauve, devrait peut-être appeler de votre part une attention plus sérieuse : vous n'ignorez pas sans doute que, déjà l'occasion de débats douloureux, vous pourriez arriver à être la cause de vrais malheurs.

— Vous n'avez pas encore sur ce point l'avantage d'être le premier à m'informer : je sais tout, et de très bonne part, de madame de Rastignac elle-même ; elle a eu la grandeur d'âme de se fier à moi, de me faire dire ses tortures ; et moi, je lui ai fait répondre que, dans quelques jours, elle n'aurait plus souci de moi.

— Comment cela ? dit vivement Sallenauve. Croyez-vous qu'il suffira, pour lui rendre son mari, de le faire consigner à votre porte.

— Je fais mieux ; je la ferme, cette porte, et je pars ; les deux jours que j'ai mis à vous répondre ont été employés à toutes mes dispositions, et je viens vous faire mes adieux.

— Et où allez-vous ?

— Aux États-Unis et ensuite au Brésil. J'ai pour ces deux pays un magnifique engagement.

— Mais votre engagement avec le Théâtre-Italien.

— L'*impresario* américain paie le dédit nécessaire. M. Jacques Bricheteau a eu la bonté d'arranger tout cela.

— Il a tenu bien secret ce coup de tête que vous méditiez ; il me semble pourtant que rien ne le rendait nécessaire.

— Vous eussiez trouvé, sans doute, plus convenable que j'épousasse le marquis ?

— Je n'affirme rien à ce sujet ; rien, sans doute, ne vous forçait à un mariage de raison ; mais rien aussi ne vous condamnait à un parti si violent.

— L'ennui me tue, dit la Luigia ; j'espère que ce déplacement me fera du bien.

— Que voulez-vous ? dit Sallenauve, votre étoile vous destinait aux grandes aventures.

— Aucune existence n'eût été moins agitée que la mienne, si je l'eusse eue selon mes vœux; mais, quand on ne trouve pas le bonheur à la portée de son bras, il faut bien aller le chercher au loin, quitte à revenir, si le ciel vient à s'éclaircir aux lieux que l'on a quittés.

— Au moins vous nous donnerez de vos nouvelles?

— Ah! les journaux du pays, qui sont très tapageurs, vous parleront de moi, et puis j'écrirai à M. Bricheteau.

— Et à moi, non?

— A vous! dans quel but? Quelques semaines passées, et vous ne penserez plus à la Luigia.

— Vous vous figurez donc que je n'ai ni cœur ni âme, et que l'intimité dans laquelle nous avons vécu n'a laissé chez moi aucun souvenir ! Après tout, est-ce moi qui ai brisé notre association ?

— Eh bien ! dit la Luigia, si cela vous fait plaisir je vous écrirai quelquefois, je suis heureuse d'apprendre....

Puis, tout à coup, ne pouvant plus retenir le masque d'indifférence qu'elle avait ajusté sur son visage, sa voix s'entrecoupa et s'éteignit dans les sanglots.

— Luigia ! dit Sallenauve en se levant vivement et en lui prenant les mains.

La *diva* les lui abandonna un moment;

mais, recouvrant bientôt toute son énergie :

— Allons! dit-elle, il faut partir, car je joue ce soir et je n'ai que le temps de dîner et de me rendre au théâtre.

Il était évident qu'elle faisait tous ses efforts pour se replonger dans le matériel de la vie et pour en secouer l'idéal.

— Ne vous reverra-t-on pas avant votre départ? demanda Sallenauve en la reconduisant jusqu'à sa voiture.

— Certainement non, dit-elle, ce soir j'annonce ma résolution à tous mes pauvres amoureux ; demain, en m'occupant de mes préparatifs, je donne ma journée à ce pauvre lord Barimore, qui sera seul reçu et que je tâcherai de mon mieux de consoler, et le soir je me mets en route pour le Havre.

— Adieu donc, dit Sallenauve du ton le plus visiblement affectueux et en lui serrant la main ; et il resta à la porte du châlet jusqu'au moment où la voiture fut prête à disparaître derrière un tournant du bois. A cet instant la tête de la Luigia s'avança hors de la portière et, Dieu le lui pardonne, encouragée sans doute par la distance, à travers l'espace, elle eut l'air de jeter un baiser dans l'espace.

Sallenauve rentra tout attristé, et il attendit avec impatience le retour de Jacques Bricheteau, qui ce jour-là était allé à Paris; il voulait avoir de lui des détails sur cette résolution, dont il avait été le confident.

Presqu'à la même heure, une scène d'un tout autre genre se passait dans le cabinet de Rastignac.

Le petit ministre était passé à l'hôtel de la Luigia, et quand on lui avait dit qu'elle était absente, pour toute la journée, il était rentré à son ministère, d'une humeur massacrante, avait rudoyé les huissiers, son chef de cabinet, ses deux chefs de division qui lui avaient demandé des signatures urgentes, et surtout un domestique venu de la part de sa femme pour lui rappeler qu'elle dînait avec lui le soir chez son père, le baron de Nucingen.

A cette même heure, Maxime de Trailles, quittant M. de Chargebœuf, arrivait les poches pleines des renseignements qu'il avait recueillis, et faisait dire à Rastignac par son huissier, qu'il tenait extrêmement à le voir, ayant des choses de la plus haute importance à lui communiquer.

Comme il avait usé déjà sa mauvaise humeur sur pas mal de victimes, le ministre se trouva moins furieux quand on lui annonça Maxime. Il permit donc qu'on l'introduisît dans son cabinet, où il fut trouvé en proie à un reste d'agitation, qu'il tâchait de faire évaporer en se promenant à grands pas.

— Mon cher ministre, dit Maxime,

j'ai découvert des choses fort étranges ; et, prenant à son compte la curiosité heureuse de madame Beauvisage, il raconta tous les détails que lui avait communiqués M. de Chargebœuf.

Quand il eut achevé :

— Mais, mon cher, dit Rastignac, arpentant toujours la pièce où ils étaient réunis, vous en voulez donc bien à ce pauvre Sallenauve, que la préoccupation de le perdre vous suive et vous poignarde jusqu'au milieu de vos parties galantes ?

— Quand on a des oreilles, on écoute, répondit Maxime ; je ne m'attendais certes pas en pareil lieu à faire ces découvertes, elles me sont venues : je les ai prises.

— Eh bien! mais, voyons, franchement, les trouvez-vous d'un grand intérêt?

— Sans doute, dit M. de Trailles, ce n'est pas la pleine lumière, mais ce sont des données précieuses pour y arriver.

— Au fond, qu'est-ce que cela nous apprend? dit le ministre, que Sallenauve a eu des commencements difficiles; qu'il a été élevé par la charité de quelques commères; en quoi cela peut-il compromettre son influence politique?

— Ceci, habilement exploité par la presse, pourrait lui causer des désagréments assez vifs, et puis, en faisant prendre des renseignements dans l'Amérique du Sud.....

— Décidément, mon ami, dit Rastignac en interrompant, c'est de la monomanie furieuse, et après avoir été prendre des auxiliaires à Romilly, dans le département de l'Aube, vous voulez maintenant en aller chercher à la Plata! Ecoutez-moi, il faut que je vous mette au courant de nos rapports avec Sallenauve; cela vous dispensera à l'avenir de vous jeter dans des explorations laborieuses, et j'oserai presque dire ridicules. Sallenauve dans ce moment-ci se conduit très bien. Il a formellement refusé de s'affilier à la coalition, et il forme contre elle, à lui seul, une sorte de protestation vivante dont nous espérons tirer un excellent parti. D'ici à deux jours que reprennent les séances de la Chambre, il aura été travaillé, et nous n'avons pas du tout perdu l'espérance de le voir bientôt dans nos eaux. Vous comprenez qu'alors ils devient au moins inutile de m'entretenir de vos découvertes à travers les cloisons. Prenez-garde, mon cher, vous tournez à transporter le commérage des portières dans la politique.

— Soit, dit Maxime ; ce monsieur est provisoirement déclaré inviolable, j'attendrai. Mais, pour en venir à un sujet plus amusant, où en êtes-vous avec la Luigia?

— Ne m'en parlez pas, mon cher, répondit Rastignac, trop amoureux pour ne pas donner tête baissée dans le piége, je suis furieux; je suis tout à l'heure passé chez elle pour m'éclaircir de certains bruits singuliers; elle était sortie et pour toute la journée.

— Des bruits de mariage? dit Maxime.

— Oui, fit vivement Rastignac; est-ce que vous en auriez entendu dire quelque chose?

— Oh! mieux que cela, je suis sûr de la réalité de la chose.

— Un mariage avec Ronquerolles? continua le ministre sur le même ton de curiosité passionnée.

— Précisément, répondit Maxime.

— Mais de qui tenez-vous la nouvelle?

— Ah! de très bon lieu, de mon carrossier, qui m'a dit ce matin que le marquis était avec lui en marché pour une berline magnifique et qu'il faisait renouveler toute sa livrée.

— Mais c'est impossible, Ronquerolles a plus de soixante ans.

— Justement, le bel âge pour faire un vieux mari.

— Songez-y donc, mon cher! Ronquerolles, un homme si plein de la hauteur de son nom, donner un pareil scandale!

— Mais vous, monsieur le comte de Rastignac, sans la comtesse Augusta, seriez-vous bien éloigné de le donner?

— Moi, j'y regarderais à deux fois, et cependant je me suis fait franchement le ministre d'un roi-citoyen.

— Et encore plus franchement le gendre de Nucingen. Du reste, vous parlez de scandale, savez-vous que vous en faites un qui ne laisse pas de retentir aussi?

— Ah! mon cher, dit Rastignac avec

impatience, allez-vous me faire aussi de la morale? Dans votre bouche, je vous en préviens, ce serait du dernier bouffon.

— Eh bien! pourtant, je ne dois pas vous le cacher, votre femme intéresse; on commence à prendre parti pour elle; encore si vous aviez le bénéfice de votre désordre!

— On me croit donc bien maltraité? demanda curieusement Rastignac.

— Je ne sais pas ce que l'on croit, mais je sais, moi, que vous n'avez encore rien obtenu, si ce n'est, au milieu des autres soupirants, un peu de distinction stérile.

A ce moment, l'huissier entra et dit

au ministre que M. l'ingénieur en chef du département du Nord demandait avec instance à être introduit.

— Dites que c'est impossible, répondit le ministre, que je suis en commission avec plusieurs pairs de France et députés, qu'il voie M. le sous-secrétaire d'État.

Puis, aussitôt après la sortie de l'huissier, reprenant :

— Qui vous a donc donné, dit Rastignac, des lumières si particulières sur mon heur ou malheur ?

Maxime ne savait rien que par le bruit public ; mais, connaissant la crédulité des amoureux :

— J'ai, dit-il, mes petites intelligences dans la place; vous n'ignorez pas le parti que j'ai toujours su tirer des femmes de chambre?

— Comment! dit Rastignac, cette petite Anglaise à l'air si virginal que la Luigia a ramenée avec elle de Londres, vous auriez la prétention?...

— Mon cher ministre, les Anglaises ont toujours l'air virginal, ce qui n'empêche pas que si vous vouliez être avec moi un peu plus aimable, je pourrais, par cette jeune fille, qui doit avoir gardé de moi bon souvenir, servir utilement vos intérêts.

— Mais de quoi vous plaignez-vous?

En quoi manqué-je aux devoirs de notre ancienne amitié? Est-ce en ne voulant pas vous donner Sallenauve à dévorer?

— Non, mais cette position politique que vous m'aviez fait espérer, et qui eût d'emblée emporté l'affaire de mon mariage.

— A qui la faute? En partant pour Arcis, vous me promettez un succès complet. Si j'échoue, me dites-vous, qu'on m'abandonne.

— Ainsi, malheur aux vaincus! même quand ils ont eu à lutter contre des obstacles que personne ne pouvait prévoir.

— Je ne dis pas cela, mais cet échec a

dû paralyser ma bonne volonté. Il faut maintenant une autre occasion : voyez, cherchez, inventez quelque chose que l'on puisse faire pour vous. Quant à la Luigia, vous disiez donc que sa femme de chambre...

— Non, dit Maxime, permettez-moi de vous interrompre et de couler à fond le chapitre de mes misères. Savez-vous une chose que vous pourriez faire pour moi ; que vous avez faite déjà, qui dépend absolument de vous, et dont vous n'avez pas eu à vous repentir, car la lettre de change de du Tillet a été payée rubis sur l'ongle?

— Ah! voilà votre plaie, dit Rastignac, l'argent! toujours l'argent!

— Mais, mon cher ministre, cette somme que vous m'avez fait prêter avant mon départ pour Arcis, savez-vous que j'en ai dépensé plus de la moitié dans la lutte électorale : je ne suis pas venu, en arrivant, vous présenter mon compte, mais, en bonne conscience, quand la caisse des fonds secrets acquitterait cette dette, ce ne serait que justice, et alors, débarrassé de mes soucis, je pourrais être tout entier à l'affaire qui vous tient au cœur : sans avoir l'air d'y toucher, cette petite Anglaise est bien la plus habile couleuvre...

— Enfin combien vous faudrait-il ?

— Ma corbeille de mariage m'a coûté

trente mille francs, assurément ce n'était pas faire splendidement les choses ; tout est dû encore, et les fournisseurs me tourmentent.

— C'est une fort grosse somme pour notre caisse, qui, à la fin d'un exercice, est à sec.

— Mais vous n'êtes pas bien gêné pour anticiper sur les crédits ! A propos, j'oubliais de vous dire que Ronquerolles a très bien flairé le parti qu'il y avait à tirer de la demoiselle suivante, et, provisoirement, jusqu'au moment où je m'en mêlerai, elle est tout à fait dans ses intérêts.

— Voyons, dit Rastignac, si vous faisiez encore une lettre de change à du Tillet?

— Non, dit Maxime (quand il vit le succès de sa bourde, l'appétit, comme on dit, lui vint en mangeant), ce n'est véritablement qu'une avance dans laquelle je rentrerai. D'ailleurs, si vous voulez, après mon mariage, je réintégrerai cette somme dans les mains de Gerin.

— Ah! mon ami, ce que le gouvernement donne est donné, cela ferait un beau gâchis dans les comptes où vous comprenez que ces sortes de restitutions ne sont pas prévues.

L'huissier ouvrit encore la porte, mais cette fois à deux battants, en annonçant : *Monsieur le ministre de l'intérieur !*

— Eh bien ! mon cher, venez me revoir demain, dit Rastignac à Maxime, qui dût se lever et sortir.

— Qu'est-ce que vous faites de ce drôle ? dit le collègue de Rastignac.

— C'est dommage qu'il soit si taré, répondit Rastignac, car il pourrait rendre des services ; il venait me parler d'un personnage important de la coalition qu'on en détacherait avec une somme de trente mille francs.

— Plus le droit de courtage.

— Non, le courtage en dedans : ces

deux honnêtes gens s'arrangeraient ensemble.

— Et moi, mon cher, je viens intriguer auprès de vous pour le tracé de chemin de fer dont je vous ai parlé ; l'adjudication est très prochaine, et je me reproche de ne pas vous avoir dit toute la vérité, mon beau-frère y est quelque peu intéressé.

— Nous tâcherons de faire que ses intérêts ne soient pas trop lésés ; mais il faudrait me faire cette affaire de trente mille francs. L'homme dispose d'au moins vingt-cinq voix dans la Chambre ; et, l'autre jour, le roi me le désignait justement comme accessible à de certains arguments. Vous comprenez qu'il me serait agréable de pouvoir le servir au château, accommodé à votre sauce.

— Mais, mon cher collègue, vous savez que je n'ai pas le sou.

— Très bien! mais vous n'êtes pas gêné pour anticiper sur les crédits; dans quelques jours, les fonds nouveaux seront votés.

— S'ils sont votés.

— S'ils ne l'étaient pas, ce serait l'affaire de votre successeur; moi, je vais me hâter de faire finir celle qui vous intéresse, afin qu'elle ait sa solution sous mon règne.

Rastignac promettant la casse, son collègue ne pouvait refuser le séné. Ils se séparèrent étant convenus de tout.

Mais le départ de la Luigia renversa tout ce bel échafaudage ; personne n'ayant plus besoin de personne, le marché ne tint par aucun côté, et l'adjudication du chemin de fer suivit la pente naturelle qui emportait le tracé dans une direction toute différente de celle à laquelle le beau-frère du ministre était intéressé.

CHAPITRE SIXIÈME

VI

Lago.

Après la visite de la Luigia, Jacques Bricheteau n'étant pas revenu pour dîner, Sallenauve ne put tenir en place, et, sur les sept heures et demie, ayant ordonné d'atteler, il se fit conduire au Théâtre-Italien.

il eut le bonheur de se procurer une stalle d'orchestre, quoique toutes les places fussent louées depuis plusieurs jours. La Luigia devait ce soir-là jouer *la Somnambula* de Bellini. C'était la première fois qu'elle descendait des rôles tragiques, et il y avait une immense curiosité de savoir si l'oracle de Conti, qui l'avait d'avance déclarée impropre à la musique légère, se trouverait justifié. Conti avait essayé de prendre place parmi ses soupirants. Mais comme il avait été très froidement reçu, il était passé à une violente hostilité, et allait partout répétant que, dans l'opéra-buffa, la *pauvre femme* ne serait pas même tolérable.

On ne saurait dire si la grande ar-

tiste fut surexcitée par la passion de
donner un démenti à cet insolent horoscospe, ou si sa verve se monta à l'idée
que, pour la dernière fois, peut-être,
elle paraissait sur la scène où, pendant
sa courte apparition à Paris, elle avait
recueilli tant d'ovations. Il n'était pas
non plus impossible qu'elle se fût aperçue magnétiquement de la présence de
Sallenauve ou que, tout prosaïquement,
elle l'eût, malgré les éblouissements de
la rampe, découvert, assis dans sa stalle.
Ce qu'il y a de sûr, c'est que jamais elle
n'avait été plus touchante et plus belle,
et qu'elle cassa l'arrêt de Conti de façon
à donner au *jugeur* un grand ridicule.
Rappelée à quatre ou cinq reprises, elle
vit tous les bouquets qui étaient dans la

salle venir former autour d'elle une immense jonchée.

Placée avec son mari dans une avant-scène du rez-de-chaussée, madame de Rastignac fut une des premières à se défleurir pour sa rivale. Comme on ne savait pas la consolante assurance qu'elle en avait reçue, ce procédé parut d'un bon goût inexprimable, et, emporté par l'ivresse de son admiration, Rastignac y trouva l'occasion d'une de ces injures qui peuvent tuer à tout jamais l'avenir entre deux époux. Prenant la main qui venait de lancer son bouquet, il la serra avec une reconnaissance passionnée. Au fond, cela pouvait vouloir dire : « Au-
» gusta, c'est bien à vous de savoir être

» juste avec cette femme qui a si souvent
» troublé le sommeil de vos nuits. »
Mais ce ne fut pas ainsi que fut compris
le mouvement irréfléchi auquel avait
cédé le mari imprudent, et si jamais devait venir le jour des vengeances conjugales, le souvenir de ce sot entraînement ne devait pas être oublié comme
un des plus terribles chefs d'accusation.

A la fin du spectacle, il n'est pas dit que
Sallenauve, comme il l'avait fait à Londres, ne se fût pas arrangé pour revoir
la Luigia, mais au sortir de l'orchestre,
il se trouva nez à nez avec Jacques Bricheteau, qui témoigna son étonnement
de le voir là.

— Je savais, dit Sallenauve qu'*elle* chantait ce soir pour la dernière fois. J'ai eu tantôt *sa* visite à Ville-d'Avray. *Elle* est venue me faire ses adieux. Mais quelle idée de l'envoyer si loin chercher la gloire lorsqu'elle la trouve si bien ici !

Bricheteau prétendit n'avoir exercé aucune influence sur les résolutions de la *diva*. Il n'aurait été, en procurant la résiliation de son engagement, que le simple exécuteur de ses volontés. Il savait pourtant la démarche que madame de Rastignac avait fait faire auprès d'elle, et qui n'était pas entrée pour peu dans la détermination que la généreuse femme avait prise, mais il n'en disait rien à Sallenauve, qui fut obligé de lui en parler le premier. Donc Bricheteau craignait pour son élève le voisinage de l'Italienne ; sans doute, l'amour auquel il aurait pu finir par se laisser entraîner, était de nature à contrarier les projets qu'avait sur lui sa famille et dont on lui laissait encore ignorer le caractère exprès.

Le lendemain, Rastignac éprouva un immense besoin d'aller déposer aux pieds de la grande artiste le chaleureux hommage de son admiration. Mais un conseil des ministres, dans lequel fut discuté le plan de la résistance que l'on comptait opposer à l'attaque en règle, organisée par la coalition, ne permit pas à l'homme d'État d'être chez la *diva* avant trois heures, et l'on peut se figurer son cruel désappointement, quand, ce jour-là, comme la veille, il lui fut répondu que la signora Luigia n'était pas chez elle.

Il commença à croire que le projet Ronquerolles avait gagné du terrain, que le mariage était arrêté, et que lui-même était l'objet d'une consigne.

Cette pensée le mit tellement hors de lui, qu'aussitôt l'intervention de Maxime lui parut nécessaire, et dans la disposition d'esprit où il se trouvait alors, il eût prêté de sa bourse les trente mille francs qu'il disputaillait la veille. L'homme qui a la confidence de nos chagrins de cœur, nous devient un être tellement nécessaire, que, passant par-dessus toutes les convenances, Rastignac se fit conduire rue Pigale, chez M. de Trailles, et se montra tout désolé de ne pas le trouver, sans même s'ingénier de l'idée que, pendant ce temps, non moins empressé de se rencontrer avec lui, Maxime se morfondait au ministère et l'attendait avec de cruelles impatiences dans son antichambre.

Sur ces entrefaites, la nuit étant venue, Rastignac renvoya sa voiture et retourna à pied chez la Luigia, où il lui fut encore répondu qu'elle n'était toujours pas rentrée.

Pour le coup, il retourna à l'âge qu'il avait aux beaux jours de la pension Vauquer, et, le nez dans son manteau, se mit à arpenter les environs de l'hôtel de la Luigia avec de mortels frissons de jalousie.

Il vit de loin de la lumière dans les appartements, crut apercevoir, à travers les rideaux, un mouvement d'allées et de venues, et prit les préparatifs du départ pour les préparatifs du mariage.

Malheur qui, en pareil cas, ne manque jamais d'arriver : au plus ardent de l'incognito qu'il voulait garder, le ministre fut reconnu par un de ses fidèles, un député du centre qui, après s'être écrié : —

Eh ! mon cher ministre, que diable faites-vous à pied dans ce quartier perdu, si loin de votre hôtel ? — se mit à entamer la question à l'ordre du jour, l'éternelle question dont trois heures durant, au conseil des ministres, Rastignac avait eu les oreilles rebattues ; et, sur ce sujet, on imagine l'abondance des aperçus et des considérations du fâcheux.

Par moments le malheureux ministre se sentait comme une envie de sauter à la gorge du terrible discoureur et de le battre. Il n'en fit rien : au contraire, pour se débarrasser de lui à l'amiable, il feignit de prendre de l'intérêt à sa conversation, l'entraînant toujours plus loin du théâtre de ses observations, jusqu'au moment où il trouva une place de fiacres; là, faussant brusquement compagnie à son assommant interlocuteur, il monta dans une citadine par laquelle il se proposait de se faire reconduire chez la Luigia; la voiture même devait lui servir de guérite pour continuer sa faction sans être exposé à une nouvelle rencontre. Mais il eut l'idée de regarder à sa montre; elle marquait six heures trois quarts, il avait du monde à dîner chez lui et n'avait juste que le temps de rentrer à son hôtel et de faire une toilette pour recevoir ses convives.

Inutile de demander si, pendant le dîner, Rastignac fut distrait et préoccupé; enfin, sur les neuf heures et demie, sous le prétexte de se rendre au château, il put s'esquiver, monter dans un petit coupé et se faire conduire, de toute la vitesse de son cheval, rue de la Pépinière.

Là, le concierge lui fit une bizarre réponse : « La signora est partie, mais lord Barimore y est. »

A toute force, cependant, la chose pouvait être comprise. Lord Barimore passait chez la *diva* plus de la moitié de ses journées ; elle pouvait donc être sortie et avoir prié le gentleman de recevoir les gens qui pourraient venir avant qu'elle fût rentrée. Evidemment il y avait amélioration au régime de la matinée des deux jours précédents où l'on n'était pas reçu du tout.

Quand Rastignac entra dans le salon, lord Barimore courut à lui les bras ouverts et lui dit en pleurant :

— Partie ! mon cher.

Et il s'écoula plusieurs minutes avant que l'homme d'État pût enfin savoir que la Luigia venait de quitter Paris avec un engagement pour les États-Unis, et que, dans son désespoir, lord Barimore avait trouvé une sorte de consolation à sous-louer le petit hôtel que la *diva* avait laissé vacant. Respirer l'air qu'elle avait respiré, c'était encore quelque chose, et l'Anglais n'avait pas tardé une minute pour prendre possession des lieux.

Pendant qu'on se livrait aux commentaires que l'on peut croire, survint le marquis de Ronquerolles, ayant déjà vent du malheur arrivé ; aussitôt les deux *mourants* de la Luigia (nous aimons ce vieux mot employé par quelques écrivains du dix-septième siècle, pour dire un soupirant), de se ruer sur le survenant en l'accusant, avec ses idées d'accaparement et de mariage, d'avoir mis en fuite la pauvre femme. Ronquerolles, au contraire, de les accuser de l'avoir excédée de leurs attentions stériles et de se défendre avec une si massacrante humeur, que la douleur de ces trois abandonnés tournait à devenir une véritable guerre civile.

Enfin on se calma, et, d'un commun accord, on se rendit chez madame d'Espard que tout devait faire croire en mesure de donner des explications sur la fuite de la cantatrice.

En les voyant entrer tous trois, la marquise fut prise d'un fou rire et elle les mit tous d'accord en leur apprenant que c'était pour échapper à leur triple obsession que la Luigia avait pris la résolution qu'elle venait d'exécuter.

En rentrant chez lui, Rastignac trouva sa femme la joie sur le front et causant avec le colonel Franchessini; il venait de lui apporter un billet qu'au moment de monter en voiture, la Luigia, avait fait tenir chez lui. La courageuse femme avait eu le bon goût de ne pas prévenir directèment la comtesse Augusta.

Le lendemain, Franchessini, qui, de plus en plus, prenait pied dans la maison, assista au déjeûner politique qui, tous les jours, de fondation, réunissait les intimes de Rastignac.

Quelques heures plus tard, la Chambre allait se réunir, et jamais assemblée n'était arrivée plus hostile pour un ministère, et plus décidée à le précipiter du pouvoir.

Aussi rien d'ardent et de passionné comme le zèle de ses défenseurs ; tous les chefs de la coalition étaient devenus pour eux d'affreux révolutionnaires, des espèces de conventionnels prêts à voter la *mort du roi*. Rastignac avait gagné à son déplaisir personnel et intérieur d'avoir, au milieu de ce déchaînement, une tenue de gravité silencieuse, qui fut prise pour la modération du bon droit sentant sa force.

Madame de Rastignac, au contraire, fut très causeuse ; elle eut des mots, des aperçus piquants. Rien ne donne de l'esprit aux femmes comme un malheur ridicule arrivé à leur mari quand elles ont à s'en plaindre, ou qu'elles en sont venues à ne l'aimer plus.

Après le déjeûner, un beau soleil de décembre, qui semblait insulter à l'état de l'âme du ministre, toute tendue de deuil, permit au colonel Franchessini d'engager Rastignac à faire avec lui un tour de jardin.

— Mon cher, lui dit-il, vous voilà sur les bras de grandes affaires, qui demandent toute la liberté et toute la force de votre intelligence; je n'hésiterai donc pas, quoique j'aie toujours vu avec un profond regret votre fâcheux entraînement, à vous faire une révélation qui ne peut que l'accroître; mais du moins elle rendra à votre esprit toute son ardeur en vous apportant une grande consolation.

— Comment cela ? dit vivement Rastignac.

— Je dois d'abord vous avouer qu'à l'instigation de votre femme j'ai conspiré contre vous. Dans ces derniers temps, j'ai vu la Luigia pour tâcher de la faire rougir du trouble qu'elle apportait dans votre ménage. Je l'ai trouvée très calme et très indifférente sur ce chapitre ; mais sur celui de l'amour qu'elle a pour vous, j'ai été loin de lui trouver la même placidité.

— Vraiment, vous croyez qu'elle m'aime ? dit vivement le ministre.

Rien n'est bête, on ne saurait trop le

redire, et facile à duper comme un amoureux.

— A ce point, mon cher, que vous êtes la vraie cause de son départ. C'est une femme pleine d'amour-propre et d'orgueil ; elle s'est sentie faiblir et n'a vu que la fuite pour la sauver ; c'est en toute occasion une très habile comédienne ; mais vous savez que je sais les femmes ; quand je lui eus dit qu'elle faisait le malheur de madame de Rastignac, eh bien ! monsieur, me dit-elle, je partirai. Mais il n'y avait pas à s'y tromper, c'était surtout pour ne pas faire votre bonheur qu'elle trouvait nécessaire de mettre entre elle et vous l'Océan.

— Je veux vous croire ; mais ce départ me tue. Pas la moindre préparation, pas un mot avant de me quitter, sa porte défendue pendant deux jours.

— C'est là justement, mon cher, ce qui donne à sa démarche son véritable caractère. Lord Barimore, lui, a été reçu; pensez donc aussi à ce mariage qu'elle allait être obligée de refuser et qui augmentait le scandale! Il faut qu'elle l'aime cruellement, se serait-on dit, pour refuser une chance si inespérée!

— Mais, quand croyez-vous qu'elle revienne?

— Mon cher, ce sera une absence de quelques mois, et, pendant ce temps, il est probable que la politique vous donnera plus de distractions que vous n'en voudrez ; cela passera très vite, et, un beau matin, vous serez tout étonné de lire dans votre journal : « La signora Luigia est de retour à Paris. » Après cela, peut-être qu'à ce moment cette nouvelle ne vous remuera pas du tout, car, en somme, votre femme est charmante, et quand vous y serez revenu...

— Non, mon cher, dit Rastignac, je ne me fais pas d'illusion ; cet amour qui m'a envahi sur le tard, doit maintenant faire le destin de ma vie. Vous ne remarquez pas que je n'ai pas vécu comme vous autres. Tombé de l'école de Droit aux mains de Delphine Nucingen, pour constituer ma fortune, j'ai dû faire vingt ans de travaux forcés. Ensuite on m'impose la fille dans laquelle je recommence la mère tout entière ; vous le comprenez : je n'ai pas pu trouver là le placement de cette force de passion méridionale que je sens bouillonner en moi ; Augusta, qu'est-ce pour moi ? c'est le bagne plus jeune, tandis que cette splendide Luigia !...

— Le bagne plus jeune, dit Franchessini, le mot est dur, mais il est joli, et je vous promets de ne pas le répéter. Maintenant, en ex-mauvais sujet que je suis, prenant parti pour le mari contre la femme, je vous demanderai si, dans la nouvelle situation qui vient de vous être faite, vous avez adopté un plan de conduite conjugale ?

— Un plan ? non, répondit Rastignac.

— Tant pis, mon cher, en toute chose il faut savoir ce que l'on veut. Si, aidé de l'absence, vous vous croyez capable de triompher de votre amour pour la Luigia, j'applaudirai de tout mon cœur au retour de l'enfant prodigue, et je vous conseillerai de bien vivre avec votre femme, parce qu'après tout, voyez-vous, il n'y a encore rien tel que le foyer domestique et le bonheur légitime. Mais si au contraire votre monomamie doit durer, m'est avis qu'il ne faut rien changer à la situation des choses ; que votre froid doit continuer avec la comtesse, parce qu'au retour de la Luigia, tout le travail de désagrégation qui s'est déjà fait dans votre ménage serait à recommencer, et ensuite parce qu'il est toujours un peu ridicule, pour un déserteur, de se représenter sous les drapeaux. On a l'air de ces enfants, qui, par coup de tête, ont quitté la maison paternelle, et que la famine y ramène.

— Je n'ai pas besoin, dit Rastignac, qu'on me conseille mon attitude; elle m'est indiquée par l'insolente joie que depuis hier soir fait éclater madame de Rastignac. Ayant l'air de vouloir me consoler, elle m'eût trouvé reconnaissant et peut-être tendre; ainsi, l'autre soir, quand elle jeta son bouquet à la Luigia, j'eus pour elle un mouvement d'inexprimable affection, et, si nous n'eussions été en public, je me serais jeté dans ses bras pour la remercier; aujourd'hui elle triomphe ; mais le triomphe pourra lui coûter cher.

L'infatuation du malheureux était complète ; sa passion était arrivée à une naïveté et à un égoïsme si parfaits que prendre la liberté grande de ne pas lui désirer tout le succès possible, c'était avoir avec lui des torts. Sa femme n'avait plus même le droit de se réjouir que sur le chemin de la complète dépossession dont elle était menacée se rencontrassent quelques obstacles.

Franchessini n'avait pas de goût pour Sallenauve. D'abord il avait débuté avec lui par avoir un tort, et puis, entre la nature basse et tortueuse qui était la sienne, et la nature élevée et noble du député, devait se rencontrer une répulsion naturelle; lors donc que dans la suite de la conversation, qui finit par tourner à la politique, on en vint à passer la revue de l'armée conservatrice. Rastignac ayant parlé de Sallenauve comme d'un homme dont on pouvait espérer au moins la neutralité :

— Ne vous y fiez pas, lui dit le colonel, ces prétendus hommes à principes, avec leur allure modérée et neutre, on ne sait jamais comment on est avec eux; du reste, je le surveillerai et, au besoin, je le forcerai de monter à la tribune pour s'expliquer.

Rastignac pria, au contraire, Franchessini de n'en rien faire et de ne pas manquer à la discipline comme dans l'occasion où se discutait l'élection de Sallenauve, et où sa sortie intempestive avait ménagé un triomphe à son adversaire.

Quand ils furent rentrés au salon, tandis que Rastignac distribuait ses instructions à ses fidèles pour la séance où ils allaient tous se rendre, s'approchant de madame de Rastignac :

— Continuez, lui dit Franchessini à

voix basse, de vous montrer joyeuse et épanouie; votre mari est furieux; croyez-moi, ce n'est pas un homme à ramener par la douceur, il faut le fouailler d'importance. L'ennemi n'est plus là, vous pouvez aller de l'avant.

On voit que le colonel jouait avec assez de distinction son rôle d'Iago, et qu'il était loin de renoncer aux galants projets que dès longtemps nous lui connaissons sur Desdemona.

CHAPITRE SEPTIÈME

VII

Crise ministérielle.

La lutte que la coalition, à l'occasion du projet de loi sur les fonds secrets, entama avec le ministère, est restée dans les annales de la tribune comme le souvenir d'un des plus beaux tournois parlementaires dont elle ait été le théâtre.

Acculé à une chute flétrissante, dans le nombre même et l'ardente passion de ses ennemis, le cabinet trouva l'énergie d'une défense désespérée, et, pour protéger le portefeuille, qu'on voulait leur arracher des mains, les conseillers de la couronne eurent des élans de zèle monarchique, soutenus par une habileté de parole qui n'était pas même soupçonnée chez quelques-uns d'entr'eux.

Portant sa plaie au cœur, Rastignac fut plein d'amertume et de colère; les adversaires souvent luttèrent corps à corps : ministres présents contre ministres passés et futurs. On ne se fait pas une idée de la furie de ces sortes de duels, et, pour ceux des partis qui n'avaient rien à prétendre au bout de la victoire, ce fut, huit jours durant, un délicieux spectacle que celui de ces boxeurs politiques broyant sous leurs coups frénétiques leur renommée, leurs intentions, leurs actes, en un mot, leur passé, leur présent et leur avenir.

Lorsque le débat paraissait près de s'éteindre par l'extrême fatigue des combattants, il prit au colonel Franchessini une idée de le ranimer par l'arrivée de troupes fraîches et qui n'eussent pas encore combattu, et, dans un petit discours spirituel et perfide, dont nous le savons maintenant très capable, suivant l'intention qu'il en avait manifestée à Rastignac, il plaça en quelque sorte Sallenauve, resté jusque-là étranger à la discussion, dans la nécessité de prendre la parole et de se prononcer.

A cette mise en demeure imprévue, le député d'Arcis fit comme un de ces lions puissants que l'on agace dans leur cage, et qui, avant de se mettre en colère et de rugir, regardent autour d'eux, se lèvent pesamment, détirent leurs larges membres, et vont ensuite se recoucher dédaigneusement.

Mais, avisé par un de ses amis, qui, se promenant à cheval dans les bois de Ville-d'Avray, avait reconnu la voiture de la

Luigia se dirigeant vers le châlet, Rastignac avait su la visite que la *diva*, la veille de son départ, avait faite au député ; dès-lors il avait conçu contre lui une jalousie furieuse, et, au lieu de laisser tomber le discours de Franchessini, dont il avait par avance si vivement désapprouvé la pensée, le voilà à son tour montant à la tribune, disant que, dans la situation donnée, il ne fallait pas d'équivoque ; que le ministère n'avait pas besoin d'alliances et d'amitiés douteuses, et qu'il aimait mieux tomber sous les coups de francs ennemis que se sauver par l'hypocrite magnanimité de défenseurs honteux.

A ce coup, Sallenauve demanda vivement la parole, et madame de l'Estorade, qui assistait à la séance, racontait le soir à madame de la Bâstie, qu'au moment où il avait paru à la tribune, elle avait été frappée d'un dégagement immense de ces effluves magnétiques, dont elles avaient remarqué en lui la propriété la première fois qu'il avait dîné chez elle.

Le discours de Sallenauve fut une leçon à tous. Il expliqua que le gouvernement parlementaire n'était pas un rêve en lui-même, mais que, dans les dépositaires du pouvoir, il exigeait une probité, une modération, un désintéressement dont il admit que très peu d'hommes étaient capables.

« Il était absurde de vouloir limiter le pouvoir royal au rôle de spectateur passif et indifférent; mais il fallait aussi que la couronne fût modérée dans ses prétentions d'influence et qu'elle se retînt elle-même sur la pente qui porte tous les pouvoirs à déborder hors de leur légitime sphère d'action.

» Libres par en haut, c'est-à-dire dans leurs rapports avec le trône, les ministres ne devaient pas, vis-à-vis de la représentation nationale, se poser dans une servilité complaisante afin de l'avoir pour auxiliaire dans leur résistance aux volontés royales. Ils ne devaient, ni dominer, ni obéir, avec la Chambre; ils devaient avoir raison et convaincre.

» A leur tour, les députés ne devaient pas accepter le joug de leurs électeurs, ils devaient être leurs représentants, et non pas leurs agents d'affaires, leurs commissionnaires et les entremetteurs de leurs petites ambitions personnelles et des étroits intérêts de localité.

» Or, était-ce de cette manière que depuis plusieurs années étaient conduites les affaires du gouvernement représentatif ?

» La couronne avait une tendance à beaucoup empiéter, cela était évident, et des ministres ayant la majorité dans les Chambres avaient été brisés pour s'être mis, même sans beaucoup de bruit et d'éclat, en travers de ses volontés.

» Instruits par cet exemple, les ministres qui étaient alors aux affaires, s'étaient absolument voués à la dépendance royale et, sans essayer de faire de la Chambre une auxiliaire pour la résistance, ils essayaient d'en faire une complice pour leur docilité servile.

» Nommés par l'influence ministérielle, il y avait dans l'assemblée des hommes qui n'hésitaient pas à prendre le titre de *députés du Roi*, qu'ils trouvaient sans doute plus beau que le titre de députés de la France. Dans tous les cas, ce titre était d'un meilleur rapport, car, à qui l'acceptait, tout l'avancement dans les fonctions publiques et toutes les faveurs.

» A leur tour, les électeurs, voyant comment leurs mandataires se poussaient, avaient l'instinct de trafiquer de leur vote, et à celui qu'ils mettaient en passe de devenir directeur-général ou ministre, était-ce se montrer trop exigeant que de demander la promesse d'une perception ou d'un bureau de papier timbré.

» Ainsi, de bas en haut, se faisait une immense circulation d'égoïsme, qui viciait peu à peu les institutions représentatives, et ne faisaient plus qu'un bazar du temple de la loi.

» Quant à nous, ajouta Sallenauve, qui, dans la carrière de la liberté, voulons même aller au-delà du gouvernement parlementaire (ici il y eut une vive interruption, l'idée de la République n'était pas admise dans la Chambre, même du plus loin que ce fût), quant à nous, reprit Sallenauve, si nous étions ces hommes de désordre, enfants perdus de notre parti, dans lequel on s'obstine à voir le parti lui-même, nous ne pourrions qu'applaudir à tous les scandales dont nous sommes témoins ; mais notre ambition n'est pas de faire régner nos idées sur un peuple préalablement démoralisé, et que l'abaissement de tous les caractères ait d'avance façonné à toutes les servitudes, même à celles de la liberté.

» Si pour mon compte je suis resté étranger au mouvement violent qui essaie de déplacer un cabinet-borne (vifs applaudissements), c'est qu'il m'a paru que ce moyen, s'il pouvait réussir contre le ministère, ne ferait que donner plus de pied au système dont il met son étude à devenir la plus humiliante expression. Mais que les ministres ne croient pas que j'entende leur prêter un appui ou franchement déclaré ou prudemment clandestin, je les aime au pouvoir et je voterai les fonds secrets qu'ils nous demandent parce que, dans l'aveuglement de leur zèle monarchique, je les regarde comme les plus grands ennemis de la monarchie. »

(Ici, un portrait satirique du personnel ministériel et résumé de toutes les insuffisances et de toutes les fautes qui devaient le rendre cher aux hommes aspirant aux perspectives de l'avenir, et enfin, un magnifique éloge de la probité, de la modération et du désintéressement, les trois vertus essentielles de l'homme d'État et qui rendent presque indifférente telle ou telle forme de gouvernement).

Après ce discours, dont nous ne donnons qu'une bien froide et bien incomplète analyse, Rastignac essaya de répondre ; mais il empira la situation : et les cris : aux voix ! aux voix ! ayant forcé le président de prononcer la clôture de la discussion, un quart d'heure après, la Chambre prononçait un verdict qui, ne laissant au ministère qu'une majorité de trois voix, le forçait d'aller immédiatement déposer ses portefeuilles entre les mains du roi.

Au sortir de la séance, dans la salle des *Pas-Perdus*, Sallenauve fut félicité par madame de l'Estorade, qui jamais ne lui avait serré la main de cette manière, et qui lui parut émue jusqu'aux larmes.

— Diable! mon cher, lui dit de son côté M. de l'Estorade, j'avais tort de vous nier un avenir politique ; je crois que vous faites encore mieux les discours que les statues.

M. de Lanty, accompagnant madame d'Espard s'approcha de lui à son tour, en lui disant tout bas :

— Je crois, si Marianina vous eût entendu tout à l'heure, que sa vocation serait bien aventurée.

Le soir, en arrivant à l'Opéra-Comique, madame Matifat dit tout bas à madame Tancrède, en lui donnant *le*

— Lis, un peu, ma chère, tu verras comme il parle, notre petit !

Et madame Tancrède fut tellement absorbée par la lecture du fameux discours, que le service de ses loges se fit tout de travers, et qu'elle eut maille à partir avec l'inspecteur du théâtre, qui la menaça de faire son rapport au directeur, et de provoquer contre elle une *mise à pied*.

Au même moment, à l'hôtel Beauséant se passait une scène des plus fâcheuses. Madame Beauvisage, voyant le ministère renversé et toutes les espérances de sa fortune politique abîmées et perdues, le prit très aigrement avec Maxime, auquel elle reprocha de n'avoir pas su profiter de la présence de ses amis au pouvoir pour se faire arranger une position.

Maxime, qui voyait à-vau-l'eau son espoir de faire une saignée à la caisse des fonds secrets et auquel M. de Chargebœuf n'avait pas donné de bonnes nouvelles de ses démarches auprès de ses amis, n'était pas non plus, ce soir-là, d'une humeur endurante, et il répondit que tout le mal devait être attribué à l'ineptie de Beauvisage; qu'il s'était sottement sacrifié à la visée de faire de son stupide beau-père un homme politique, et que jamais il n'avait plus misérablement employé près d'une année de sa vie.

— Monsieur, dit alors madame Beauvisage à laquelle Maxime ne répétait que ce qu'elle avait dit vingt fois elle-même, je ne souffrirai pas que vous parliez de mon mari avec ce ton méprisant ; après tout, il est le père de celle qui doit être votre femme. C'est un homme qui a su se faire une fortune, talent que n'a pas eu tout le monde.

— Eh ! madame, l'esprit donne la fortune, tandis que malheureusement la fortune ne donne pas l'esprit.

A ce moment, et cela fut heureux, car on ne sait où aurait été une conversation commençant sur ce ton d'aigreur, Beauvisage qui, après le dîner était sorti pour faire un tour en compagnie de Cécile, rentra avec elle et s'écria :

— C'est drôle ; il y a des illuminations dans tout Paris ; il paraît que ce ministère était bien détesté !

Beauvisage était une de ces natures sur lesquelles les manifestations populaires ont beaucoup de prise ; il avait repris ce soir-là les opinions centre-gauche qui primitivement étaient les siennes et triomphait avec les vainqueurs d'un résultat qui semblait à tout jamais lui fermer le chemin de la députation.

Sur ces entrefaites, un domestique apporta le journal du soir, et Cécile s'étant mise à lire pendant que Beauvisage s'endormait au coin de la cheminée, madame Beauvisage et Maxime, un moment réconciliés, commencèrent à lui faire une querelle, lui demandant si leur conversation ne valait pas bien la rapsodie oratoire de Sallenauve.

— Mais il ne paraît pas, répondit Cécile, que ce soit là l'opinion de tout le monde, car voici ce que je lis dans un article du journal : « Le roi, à la suite
» du remarquable discours prononcé par
» M. de Sallenauve, a désiré avoir avec
» lui une entrevue, et nous croyons
» qu'au moment où nous écrivons, l'ho-

» norable député d'Arcis a été reçu au
» château. »

— Il ne manquait plus que cela ! s'écria madame Beauvisage, qui déjà s'était un peu formée à la langue politique, on va sans doute le charger de former un cabinet ?

— Non, dit Cécile, on lit plus bas :
« Au sortir de la séance, les ministres
» ont déposé leurs portefeuilles entre
» les mains du roi. M. Thiers a été ap-
» pelé immédiatement aux Tuileries ;
» il est chargé de composer un minis-
» tère. »

— Alors pourquoi Sallenauve? demanda madame Beauvisage.

— Parce que chez le roi, répondit Maxime, il y a un vieux levain révolutionnaire, et que partout où la démocratie a un succès, tout roi absolu qu'il voudrait être, ce succès parle à sa fibre. On veut charger sans doute M. de Sallenauve d'être le lord protecteur du cabinet à venir; un homme dont le passé recèle peut-être des monstruosités, arrivé tout d'un coup à cette importance, c'est à désespérer de l'avenir d'un pays où de pareils scandales sont possibles.

— C'est égal, dit Cécile, qui, malgré

l'aigre observation de sa mère, avait continué de lire, il parle mieux que Simon Giguet, et notre pauvre Arcis est un peu plus glorieusement représenté que par ce petit avocat.

— Vous pourriez, mademoiselle, dit Maxime, faire parvenir à M. de Sallenauve l'expression de votre haute admiration ; cela se fait à Paris, et quand un homme arrive à une certaine renommée les bas-bleus ne se font pas faute de lui écrire pour le féliciter.

— Mais pourquoi, dit Cécile, m'empêcher de trouver bien ce que tout le monde admire? Sans commettre d'inconvenances et tout en gardant à ses ennemis des sentiments peu bienveillants, on s'honore, il me semble, en étant juste avec eux. C'est comme ce discours prononcé sur la tombe de mon grand-père que maman et vous avez trouvé si ridicule, vous n'avez pu empêcher qu'il ne me fît pleurer quand je l'ai lu.

Ici la porte s'ouvrit, et l'on annonça M. Célestin Crevel. Il paraît que, malgré le parti pris, signifié par madame Beauvisage à son mari, de ne pas recevoir *cet homme*, la volonté conjugale de M. Beauvisage avait eu cette fois le dessus. Crevel, la semaine d'avant, avait envoyé à madame Beauvisage une truite du lac de Genève qu'il avait reçue, et avait dû être appelé à en prendre sa part, il venait faire ce qu'on appelle vulgairement sa visite de digestion.

— Eh bien ! dit-il en donnant une poignée de main à Beauvisage, que son entrée avait réveillé, Paris est très gai ce soir ; on y voit clair comme en plein jour. Je suis passé à la mairie pour voir si l'on n'aurait pas besoin des services de la garde nationale. Mais non, il paraît que c'est de la joie, et qu'il n'y a rien de séditieux. Au fait, ce diable de ministère durait depuis bien longtemps.

— Il me semble, dit Maxime, que cela fait son éloge.

— Selon, dit Crevel; il employait de certains moyens de corruption qui coûtaient gros au pays.

— Vous avez, je crois, été décoré par lui, monsieur, dit madame Beauvisage.

— Non, madame, j'ai été décoré sur la proposition de l'état-major de la garde nationale, qui était un peu mieux en mesure que le ministère d'apprécier les services que j'ai rendus dans les diverses émeutes qui ont ensanglanté la capitale.

— Vous y avez été blessé? demanda moqueusement Maxime.

— Non, monsieur, mais j'aurais pu l'être; du reste, en voyant la *variabilité* (il voulait dire l'instabilité) du pouvoir, je me félicite tous les jours de plus en plus du parti que j'ai pris de ne pas me mettre dans la politique; voilà des hommes qui ce matin étaient tout-puissants et que personne demain ne regardera plus.

— Pourtant M. de Rastignac, dit madame Beauvisage, n'en restera pas moins le comte de Rastignac, pair de France, et gendre du riche banquier Nucingen; et, quoiqu'il ne soit plus ministre, s'il donnait un concert comme celui où nous avons eu l'avantage de vous rencontrer l'autre jour, je ne crois pas que son invitation vous parût devoir être refusée.

— Moi, madame, je ne prouve rien ; je ne suis pas un homme politique, je suis un homme de plaisir.

— Et de guerre, le cas échéant! dit insolemment Maxime.

— Oui, môôsieu, dit Crevel d'un ton un peu piqué, et je ne sais pas si vous êtes comme moi, mais je trouve qu'il y a plus de courage à un ancien parfumeur, à un ancien marchand de savon et de teinture pour les cheveux, à aller affronter la mitraille qu'à un traîneur de sabre dont c'est le métier.

Pour Crevel c'était passablement bien répondre, et la manière dont il avait fait allusion, sans en avoir l'air, à cette ridicule manie de ci-devant jeune homme que tout le monde savait à M. de Trailles, fit courir sur les lèvres de Cécile un sourire imperceptible qui fut cependant remarqué par l'intéressé, et qui devait plus tard amener un orage.

La conversation dès-lors devint froide et languissante et, peu après, Crevel se leva et prit congé.

Comme il était reconduit par Beauvisage :

— Ta femme et ton gendre, dit l'ancien parfumeur, ont un air que je ne leur reviens pas beaucoup; mais, ma foi ! c'est à deux de jeu, et l'on ne me verra pas souvent fouler les tapis de ton hôtel.

— Non, dit Beauvisage, c'est que, vois-tu, ce soir, la chute du ministère les défrise, et toi qui vas leur dire qu'il durait depuis trop longtemps !

— Du reste ! il ne s'agit pas de ça, et puisque tu n'as pas la liberté de dîner

en ville sans dire où tu vas, j'étais venu
t'annoncer qu'après-demain je te donnais
à déjeûner avec Héloïse, qui te ménage
la surprise de te faire trouver avec Antonia.

— Bah! fit Beauvisage, et avec qui
est-elle à l'heure d'aujourd'hui?

— Avec personne, mon vieux, et avec
toi si tu oses une bonne fois secouer les
chaînes de ta pédante de femme.

— Après-demain, dit Philéas, il me
semble que j'ai une affaire.

— Ah! tu renacles, mon cher, dit
Crevel; je le vois bien, tu as peur de la
houssine de ta femme.

— Non, vraiment, j'ai une idée d'avoir un rendez-vous pour ce jour-là.

— Allons, mon cher, voyons, un peu d'indépendance... Antonia s'est très bien souvenue de toi, et elle dit qu'elle n'a jamais vu un maire plus gentil et qui doive mieux marier au treizième.

Beauvisage ne comprit pas le sel de cette plaisanterie toute parisienne; mais sensible au souvenir de mademoiselle Chocardelle, il finit par se rappeler qu'en effet le surlendemain il était libre et il promit d'être de la partie arrangée.

Dangereuse pente que celle sur laquelle il mettait le pied!

CHAPITRE HUITIÈME

VIII

La question de la Plata.

En rentrant chez lui, Maxime fut assez étonné de trouver un billet de Rastignac l'engageant pour le lendemain matin à venir le voir au ministère.

Rastignac n'ayant plus besoin de lui,

et ayant l'air de vouloir lui tenir sa promesse, cela parut presque incroyable à Maxime, qui connaissait l'homme. Cependant, le lendemain, assez intrigué de ce qu'on pouvait avoir à lui dire, il était de bonne heure dans le cabinet de l'homme d'État, et n'eut pas à attendre pour être introduit; les solliciteurs ne font pas foule chez un ministre tombé.

— Eh bien! dit Maxime en entrant, où en est la crise?

— Oh! c'est déjà très gai, dit Rastignac: hier au soir, à onze heures, il y avait un ministère de fait; mais il est détraqué ce matin, et nous en verrons bien d'autres.

— Alors, provisoirement, vous restez?

— Oui, pour expédier les affaires; et c'est de ce reste de pouvoir que je veux me servir, mon cher Maxime, pour vous arranger une position.

— Je reconnais là le procédé d'un vieil ami.

— Vous rappelez-vous, mon cher, qu'au mois de mars dernier vous me disiez : « Après mon mariage, nommez-moi chargé d'affaires près quelque méchante république d'Amérique ? »

— Parfaitement, dit Maxime, la diplomatie a toujours été la carrière que j'ai rêvée.

— Eh bien ! dit le petit ministre, si, changeant quelque chose à votre programme, je vous proposais *avant* votre mariage de partir immédiatement pour l'Amérique du Sud?

Maxime le regarda et répondit :

— Vous trouviez l'autre jour si ridicule qu'on voulût aller chercher des auxiliaires dans ce pays !

— Oui, dit Rastignac ; mais j'ai réfléchi à cette découverte que vous avez faite d'une correspondance du sieur Bricheteau avec la capitale du Paraguay. Il est possible, en effet, qu'un homme de votre habileté trouve là les pieds d'argile de ce colosse tous les jours grandissant qu'on appelle M. de Sallenauve ; mais il y a un autre intérêt moins particulier qui m'a fait jeter sur vous les yeux. Vous n'avez pas suivi dans les journaux les développements de cette question que nous autres hommes d'État appelons la question de la Plata ?

— Ma foi! non, dit Maxime, j'ai bien souvent vu qu'il était question de Buenos-Ayres, de Montevideo, du dictateur Rosas, mais cela m'a paru si lointain et si embrouillé, que je ne me suis pas donné grand souci pour y comprendre quelque chose.

— Eh bien! sans que vous et le public vous vous en doutiez, il y a une très grosse difficulté pour la France; l'autre jour en conseil nous en avons parlé, et il a été décidé qu'un agent intelligent devait d'abord être envoyé à Montevideo sans caractère officiel, mais avec de grands pouvoirs et pas mal d'argent à répandre. J'avais aussitôt pensé à vous, et je devais, dans quelques jours, vous parler de cette mission. Aujourd'hui, si nous voulons en disposer encore, il n'y a pas un moment à perdre, il faut que votre commission secrète soit signée dans la journée par le ministre des affaires étrangères, qui, sur ma proposition, vous accepte, et chez lequel nous allons nous rendre. Vous avez la conception prompte, et, en deux heures, le chef de la division politique et le chef de la division commerciale vous auront mis au courant de la question.

— Je ferai de mon mieux, dit Maxime.

— Le côté fâcheux de ma proposition,

reprit le ministre, c'est que dans deux fois vingt-quatre heures il faut être parti. Si un ministère était constitué avant ce temps, il ne tarderait probablement pas à mettre le nez dans cet intérêt, qui tourne à devenir assez pressant ; il faut donc qu'on puisse dire à nos successeurs; nous avons envoyé un agent, il est déjà en route. Voulussent-ils alors faire courir après vous et vous remplacer par un homme à eux, vous n'en seriez pas moins en possession des avantages pécuniaires qui vous auraient été alloués, parce que, sur le grand théâtre de la diplomatie, où l'on ne lésine jamais, même quand la représentation n'a pas lieu, on ne rend pas l'argent.

— Mais vous savez, mon excellent ministre, qu'après moi je vais laisser en souffrance le paiement d'une somme assez ronde...

— Très bien, dit Rastignac, j'ai fait entrer en ligne de compte ce souci dont vous m'aviez entretenu, et sur vos frais de voyage, sur les dépenses secrètes pour lesquelles un large crédit vous sera ouvert, vous pouvez facilement grapiller cette somme. Maintenant, c'est à vous de voir et de vous décider.

— Voilà, dit Maxime, ce qui me fait hésiter ; cette mission ne peut guère durer moins de six à huit mois !

— Évidemment, il en faut déjà compter six, à peu près, pour l'aller et le retour, ensuite le temps d'opérer.

— Oui ; enfin, c'est presque une année de délai apportée à mon mariage, et une femme qui vous donne en dot soixante mille francs de rente, ne se trouve pas tous les jours, même en revenant de Montevideo.

— Voyez, mon cher ; d'autre part, cette mission est une occasion unique.

— J'accepte, dit Maxime, après avoir

un moment réfléchi ; d'abord l'auréole de cette nomination va faire une grande impression sur l'esprit de ma belle-mère, ensuite je lui donnerai à comprendre que sa profonde haine pour Sallenauve peut trouver là une pâture, et puis je sais une autre manière de la prendre. Oui ; je ne cours aucun risque ; ainsi mon cher ministre, je suis tout à fait à votre disposition.

— Eh bien ! partons, dit Rastignac, en sonnant pour qu'on fît avancer la voiture, qui était toujours attelée dans ses remises.

Nos lecteurs nous saurons gré de ne

pas les conduire au ministère des affaires étrangères où ils seraient exposés à entendre dans ses plus minutieux développements l'exposé de cette terrible et interminable question de la Plata, dont pendant des années le vaporeux fantôme n'a fait, dans les colonnes des journaux politiques, que de trop longues et de fréquentes apparitions.

Nous reprenons Maxime à cinq heures du soir, ayant déjà reçu ses instructions, étant déjà passé à la caisse du ministère des affaires et ayant écrit à madame Saint-Estève un billet assez sec pour l'engager à venir faire toucher chez lui le lendemain matin, sans faute, le montant du billet Halphertius.

Arrivé à l'hôtel Beauséant, il y trouva seule madame Beauvisage, ce qui le dispensa de lui demander un entretien particulier et entama avec elle ainsi :

— Ma chère belle-mère, vous me reprochiez hier, avec assez peu de justice, de n'avoir pas su tirer parti des bonnes dispositions de Rastignac. Les ministres souvent ne font les choses qu'*in extremis*; il semble que la disgrâce leur redonne des entrailles. Ce matin, Rastignac m'a fait appeler et m'a offert un poste magnifique, que, pour vous être agréable, je me suis empressé d'accepter.

— En vérité! dit vivement madame Beauvisage.

— Je dois me hâter d'ajouter, reprit Maxime, qu'à la médaille il y a son revers, car il s'agit d'un poste diplomatique et d'une mission secrète et lointaine qui, pendant près d'un an, va me tenir éloigné de la France et de toutes mes affections.

— Ah! oui, fit Séverine, la diplomatie a l'inconvénient de faire voyager.

— Vous comprenez, continua M. de Trailles, que si, en me résignant à ce sacrifice, j'avais dû croire qu'il ne fût pas en fin de cause, couronné par la récompense que d'autres dévoûments n'ont pas pu encore faire mûrir complètement pour moi, je n'en aurais peut-être pas eu le courage. Mais je pense qu'avec vous, madame, et avec mademoiselle Cécile, il n'est pas vrai, comme le dit le proverbe, que les absents aient tort.

— Comment pourriez-vous croire, dit madame Beauvisage, qu'une chose aussi avancée puisse maintenant manquer?

— De votre fait, ma chère belle-mère, je pars assez tranquille; mais du fait de ma prétendue...

— D'abord, Cécile ne fera jamais que ce qui paraîtra convenable à moi et à son père. D'ailleurs, elle vous a accepté.

— Oui; mais je ne sais si c'est de ma part cette susceptibilité de cœur que donne toujours un sentiment vrai, mais il me semble que, depuis votre arrivée à Paris, mademoiselle Cécile a quelque peu changé pour moi.

— Mais non, je vous jure; elle est toujours la même; vous avez peut-être vu avec peine que, fidèle exécutrice des volontés de son grand-père, elle ait désiré que votre mariage fût ajourné jusqu'au moment où vous seriez arrivé à donner à votre existence une assiette désirable ; mais c'est de la piété filiale et vous devez plutôt voir une garantie dans son procédé, quand on est fille bonne et respectueuse on est ordinairement bonne femme.

— Enfin, madame, je remets avec confiance mes intérêts dans vos mains, et j'ajoute qu'en entreprenant l'immense voyage auquel je me prépare, je crois conquérir de nouveaux titres à la bienveillance de la famille Beauvisage, car c'est en vue d'elle, plus particulièrement, que je pars.

— Comment cela? dit Séverine avec curiosité.

— Quelqu'un dans ce moment barre l'avenir parlementaire de M. Beauvisage, ce quelqu'un, à notre grand désespoir à tous, grandit tous les jours; il fallait donc prendre contre lui les grands moyens.

— Vous voulez sans doute parler de Sallenauve?

— Oui, madame, et si vous étiez plus versée dans la science géographique que ne le sont ordinairement les jolies femmes, en vous disant que je me rends à Montevideo, je vous ferais comprendre que je me rapproche beaucoup d'une contrée lointaine où pour nous peut être espérée la découverte des plus importants secrets.

— Je ne saisis pas bien, dit Séverine.

— La ville de *l'Assomption*, poursuivit Maxime, est la capitale du Paraguay, et le Paraguay est voisin du territoire de la république Argentine, auprès de laquelle je suis envoyé en mission.

Quoiqu'il soit assez singulier qu'en

prononçant devant madame Beauvisage le nom d'une capitale aussi lointaine et aussi peu connue que celle du Paraguay, on pût étendre sur le visage de la chère dame un pied de rouge, cet effet n'en fut pas moins produit, et nos lecteurs se l'expliquent.

— Madame, reprit Maxime, j'ai vu l'autre jour M. de Chargebœuf, et il m'a parlé des grandes découvertes que vous aviez faites, et notamment de cette correspondance que Jacques Bricheteau paraît entretenir avec l'Amérique du Sud.

Cette phrase n'était pas faite pour éteindre la rougeur de madame Beauvisage, et son malaise devint si marqué, que Maxime, n'en eût-il pas su la cause, n'aurait pu s'empêcher de le remarquer.

— Ma chère belle-mère, dit alors M. de Trailles, croyez que vous aurez toujours en moi le gendre le plus dévoué et le plus respectueux. Personne mieux que moi n'est payé pour comprendre les faiblesses humaines, car j'ai fait dans ma vie quelques folies assez éclatantes, et j'ajoute qu'il est de ces faiblesses qui ont un côté vraiment véniel et excusable; seulement quand il m'arrivera une autre fois d'être franc sur le compte de mon beau-père, et de dire qu'il est un sot, parce que réellement c'est un sot, j'espère que vous ne relèverez plus si aigrement cette parole : il y a longtemps que je sais tout.

— Tout quoi? demanda Séverine avec cet instinct de femme qui va à nier même l'évidence, quand on ne la lui fait pas grosse comme une montagne.

Maxime dut alors raconter la vilenie de madame Mollot, les soins qu'il avait été obligé de prendre pour en neutraliser les effets; sa visite à Grévin, et enfin faire connaître à l'intéressée que, lorsqu'elle le croyait seulement au fait de quelques bavardages et vaguement informé, il était, au contraire, aussi pleinement renseigné que si elle lui eût fait elle-même sa confidence.

Ne pouvant plus rien nier, Séverine avait la ressource des larmes, et inutile de dire que son mouchoir fut aussitôt mis en jeu.

— Ce mariage maintenant est impossible, finit-elle par dire en sanglottant : un gendre qui n'aurait pour moi que le mépris le plus mérité ? non, quelque chose qui arrive, jamais je n'y consentirai.

Si les paroles de madame Beauvisage eussent été l'expression vraie de sa pensée, il y aurait eu de quoi faire repentir Maxime de la terrible habileté avec laquelle, au moment du départ, il ménageait la sécurité de son absence.

Mais il était trop habile homme pour ne pas comprendre que Séverine essayait d'échapper à la confusion par le désespoir; s'approchant donc d'elle et lui prenant affectueusement la main :

— Moi! s'écria-t-il, du mépris pour ma chère belle-mère! dites donc, madame, une pitié immense, quand je viens à penser que sa jeunesse, son esprit, ses charmes, qui la destinaient aux plus nobles alliances, ont été indignement sacrifiés ; quand je pense que, depuis plus de vingt ans, enchaînée au plus insignifiant des hommes comme à à un cadavre....

— Je vous en supplie, monsieur, s'écria théâtralement madame Beauvisage, ne dites pas de mal de mon pauvre mari !

— Lui, à plaindre! répondit Maxime,

mais c'est l'homme heureux par excellence, choyé, mijoté par vous, et par l'adorable fille que vous lui avez donnée, se doutera-t-il jamais de l'entraînement si naturel où vous a emportée votre veuvage de cœur ? Par une supposition impossible, demain nous nous brouillerions, chère belle-mère, et je voudrais ouvrir les yeux de Beauvisage, il n'est pas du tout prouvé pour moi, croyez-le bien, que je parvinsse à le convaincre.

— Oui, dit Séverine, il a en moi une grande confiance; mais peut-être n'est-ce que plus mal à moi de le tromper.

— Mais vous ne le trompez pas, vous

êtes seulement mariée en deux volumes ; est-ce votre faute, à vous, si l'on vous a forcée de vous dédoubler?

— Vous avez bien de l'esprit, dit madame Beauvisage avec un sourire triste et en lui tendant la main ; mais, dites-moi encore, j'ai besoin de l'entendre encore, que vous n'avez pas pour moi de mépris !

— J'ai pour vous, chère belle-mère, toute l'affection et tout le respect que l'on doit à la mère de celle qu'on aime, et si mon mariage venait maintenant à manquer, ce ne serait pas seulement Cécile que je regretterais, ce serait aussi le bonheur de famille que j'ai toujours espéré trouver sous ce toit hospitalier. Ma fortune politique commence aujourd'hui; mais croyez-vous que je n'aie pas un peu compté sur une femme de votre intelligence et de votre caractère plein de volonté et de décision pour pousser cette fortune aussi loin qu'elle peut aller? Sallenauve une fois écarté, nous faisons nommer Beauvisage; peu après, je le remplace à la Chambre, et alors nous avons un salon politique dont vous serez la vie et l'âme. Nous verrons alors auprès du nôtre, ce que sera celui de madame d'Espard. Oh ! Séverine, ajouta-t-il tendrement, permettez-moi de vous appeler aussi de ce doux nom ; il y a devant nous un bel avenir, et il serait bien fâcheux que le caprice d'une charmante enfant, mais qui n'est qu'une enfant, vînt en entraver le développement.

— Mais, partez donc en paix, dit madame Beauvisage, Cécile voudra toujours ce que je voudrai, même quand elle ne le voudrait pas déjà elle-même.

— Je le crois, dit Maxime, et c'est pour cela que je me recommande avec tant d'instance à vos bons offices. Aussi, je ne le vous cache pas, si mon espoir venait à être trompé de votre côté, je crois tant en vous! mon désillusionnement serait immense, et, devenu pour lui un ennemi implacable, il me semble qu'il n'est pas de vengeances si atroces auxquelles je ne pusse être entraîné.

Madame Beauvisage sentit la pointe de menace qui était dans cette phrase.

— Monsieur, lui dit-elle, je n'ai pas besoin que vous me le rappeliez ; je sais parfaitement que je suis entièrement à votre disposition, et c'est m'ôter le mérite de l'affection toute maternelle qui me décide à vous vouloir pour gendre.

— Mais non, mais non, dit Maxime, vous ne me comprenez pas, vous devez bien voir la discrétion dont j'ai usé jusqu'ici vis-à-vis du secret dont j'étais dépositaire ; mais, au moment de m'éloigner pour longtemps, pour toujours, peut-être (et le grand comédien eut soin de donner un peu d'altération à sa voix) ne pouvant plus être là pour vous protéger, j'ai dû vous faire comprendre la vérité de votre situation, vous dire quelles amies charitables vous aviez laissées à Arcis. Maintenant, tout entre nous est bien convenu et bien expliqué. Il me reste à vous rappeler que je suis chargé d'une mission essentiellement occulte, que je vous ai fait dépositaire d'un secret d'État, et que M. Beauvisage ni mademoiselle Cécile, ni même M. de Chargebœuf ne doivent savoir le lieu de mon exil ; la plus petite indiscrétion pourrait avoir des conséquences graves, et je vous vois trop de dispositions à devenir une femme politique pour vous faire à ce sujet la moindre recommandation.

— Monsieur, dit madame Beauvisage

avec une espèce d'embarras, en fait d'indiscrétions je vais peut-être en commettre une bien grosse ; mais vous me pardonnerez en faveur de l'intention. Au moment d'un départ, on a quelquefois de certains embarras ; nous sommes plus riches que vous, et si votre belle-mère osait mettre sa bourse à votre disposition ?

Maxime vit que, pour le coup, il pouvait partir tranquille. Il fallait qu'il eût bien terrifié Séverine pour l'avoir amenée à se départir de cette férocité d'économie qui est l'un des caractères les plus saillants de la vie provinciale.

— Merci, mille fois! dit-il en baisant la main de madame Beauvisage et en faisant encore trembler sa voix, je suis plus touché que je ne saurais dire du souci si généreux que vous voulez bien prendre de moi, mais je n'ai absolument besoin ne rien. Le gouvernement ne pourvoit pas sans doute très magnifiquement aux besoins de ses agents; mais, ainsi que je l'ai fait à Arcis lors de la mission qui a été le point de départ de notre connaissance, je sais au besoin y mettre du mien, et mes épargnes personnelles, sans compter le crédit dont je jouis auprès de quelques amis, m'ont toujours laissé en mesure de pourvoir à tout.

— Mais, fit Séverine, c'était justement à titre d'amie...

— Encore une fois merci, dit Maxime, je reviendrai ce soir passer une heure ici, et faire mes adieux à votre mari et à mademoiselle Cécile, car je pars après-demain, et je ne sais comment la journée de demain pourra suffire à tout ce que j'ai à faire.

Cela dit, Maxime sortit et il alla dîner chez Rastignac avec lequel il voulait prendre langue relativement à la manière dont il lui ferait passer les renseignements qu'il pourrait recueillir au sujet de Sallenauve.

Il resta convenu que s'il découvrait quelque chose, il adresserait son rapport à Rastignac, sous le couvert de la maison Nucingen, qui à Montevideo ne pouvait manquer d'avoir des correspondants.

— Du reste, dit Maxime, en serrant la main de Rastignac, peut-être à mon retour vous retrouverai-je au pouvoir.

— Si même nous l'avons quitté, dit le petit ministre.

— Comment! vraiment? dit Maxime.

— Oui, ça se gâte de plus en plus ; il y a encore deux combinaisons avortées depuis ce matin. La Chambre en est aux regrets de son vote, et on parle d'une démarche du parti conservateur devant venir nous supplier de rester *quand même* aux affaires ; nous sommes si bons princes, que peut-être nous nous laisserons faire.

— Croyez, dit Maxime, que si j'ai le bonheur de travailler pour vous, cette fois, je vous apporterai un meilleur résultat que celui d'Arcis. Il est à croire qu'au-delà de la ligne, je ne trouverai pas de vieille Ursuline.

— Ah! vous en voulez à cet ordre! dit en riant Rastignac.

— Peut-être que non, dit M. de Trailles; en toute chose il faut considérer la fin....

— Et pas trop les moyens, ajouta le petit ministre en vrai roué politique ; l'espoir de garder son portefeuille le rendait tout guilleret.

Nous faisons grâce à nos lecteurs d'une autre scène d'amour désespéré et hypocrite qu'en sortant du ministère Maxime alla faire à mademoiselle Beauvisage. L'idée d'un départ a elle-même quelque chose d'attendrissant, et quand Cécile apprit que, pour la mériter, son prétendu allait entreprendre un voyage de plusieurs milliers de lieues, comme il lui laissa ignorer le lieu de sa destination, cela parut à la jeune fille encore plus loin ; et M. de Trailles eut le plaisir de lui voir verser quelques larmes.

—Allons, mon gendre, dit Beauvisage, vous allez voir la mer. C'est aussi un plaisir que nous nous passerons au printemps prochain avec madame Beauvisage et Cécile.

Maxime s'arracha des bras de sa famille éplorée, et le lendemain, toutes ses affaires bien en règle, il se mit en route pour la Plata.

Une suite, qui plus tard sera donnée à

ce récit, expliquera les résultats du voyage entrepris par Maxime et l'influence qu'ils ont sur l'avenir de Sallenauve, dont nous ne nous séparons pas sans espoir de revue.

FIN DU COMTE DE SALLENAUVE

Fontainebleau. — Imp de E. Jacquin.

www.ingramcontent.com/pod-product-compliance
Lightning Source LLC
Chambersburg PA
CBHW060653170426
43199CB00012B/1777